CAROLINE HULSE

Weekend Style

*Sew Carolines
Nähtipps für einfache
Wochenend-Outfits*

stiebner

Titel der Originalausgabe
„Sew Caroline. Weekend Style"
© 2017 by Caroline Hulse

Die Anleitungen und Zeichnungen in diesem Buch sind für die persönliche Nutzung durch die Leser gedacht. Sie dürfen nachgezeichnet oder einzeln kopiert werden, jedoch keinesfalls weiterverkauft oder neu veröffentlicht werden. Die Käufer des Buches dürfen die Entwürfe nachnähen und bei Ausstellungen, Basaren oder Handarbeitsmessen verkaufen.

© 2017 der deutschen Ausgabe:

Stiebner Verlag GmbH
82031 Grünwald

Übersetzung aus dem Englischen:
Johanna Hofer von Lobenstein
Redaktion: Julia Niehaus, lektorat plus, Berlin
Satz: Dirk Brauns, Berlin

Bibliografische Information der Deutschen Nationalbibliothek
Die Deutsche Nationalbibliothek verzeichnet diese Publikation in der Deutschen Nationalbibliografie; detaillierte bibliografische Daten sind im Internet über http://dnb.dnb.de abrufbar.

Alle Rechte vorbehalten. Dieses Buch darf nur nach vorheriger schriftlicher Zustimmung des Copyright-Inhabers vollständig bzw. teilweise vervielfältigt, in einem Datenerfassungssystem gespeichert oder mit elektronischen bzw. mechanischen Hilfsmitteln, Fotokopierern oder Aufzeichnungsgeräten bzw. anderweitig weiterverbreitet werden.

ISBN 978-3-8307-0976-3

Printed in China

Editor: Maya Elson
Technical Editor: Debra Greenway
Designer: Alanna DiLiddo
Illustrator: Sue Friend and Caroline Hulse
Photographer: Sarah Delanie

www.stiebner.com

Wir produzieren unsere Bücher mit großer Sorgfalt und Genauigkeit. Trotzdem lässt es sich nicht ausschließen, dass uns in Einzelfällen Fehler passieren. Unter www.stiebner.com/errata/0976-3.html finden Sie eventuelle Hinweise und Korrekturen zu diesem Titel. Möglicherweise sind die Korrekturen in Ihrer Ausgabe bereits ausgeführt, da wir vor jeder neuen Auflage bekannte Fehler korrigieren. Sollten Sie in diesem Buch einen Fehler finden, so bitten wir um einen Hinweis an verlag@stiebner.com. Für solche Hinweise sind wir sehr dankbar, denn sie helfen uns, unsere Bücher zu verbessern.

INHALT

EINLEITUNG 5

Bevor es losgeht

Das Handwerkszeug 8
Der geeignete Stoff 12
Die passende Nadel 18
Der richtige Stich 20
PDF-Schnittmuster 22
Grösse und Schnitt anpassen 26

Versäubern

Hals- und Armausschnitte 30
Versäubern von Nahtzugaben 38

Wochenend-Outfits

Kleidung
   Kurzarmshirt Tilly 42
   Lockeres Strandkleid 46
   Shirt Larchmont 50
   Rock Picknick 54
   Shorts Strandpromenade 60
   Rock Date Night 66
   Tanktop mit Knopfleiste 70
   Shorts Samstagmorgen 76
   Hängerkleid 80

Taschen
   Badetasche 86
   Umhängetasche Uptown 94
   Shopper/Rucksack 100

Accessoires
   Bindegürtel 110
   Haarband mit Turbanknoten 114
   Flip-Flops mit Riemchen 118

GLOSSAR 122
DIE STOFFE IN DIESEM BUCH 124
REGISTER 125
ÜBER DIE AUTORIN 127

Einleitung

Nein, ich nähe nicht seit meiner Kindheit. Meine Mutter nähte zwar, aber bis ich anfing, mich dafür zu interessieren, hatte sie es schon wieder aufgegeben. Meine Großmütter lebten weit weg, und es gab niemanden, der es mir hätte zeigen können. Den Großteil meiner Kindheit verbrachte ich draußen, auf dem Fahrrad oder unter dem Rasensprenger. Mode und Kreativität lagen mir mehr als fern, bis ich an die Uni ging. Während ich auf meinen BWL-Abschluss hinarbeitete, hatte ich auf einmal das Bedürfnis nach einem Ausgleich. Ich probierte zu zeichnen, belegte Malkurse und versuchte mich an Scrapbooking. Und dann wünschte ich mir eine Nähmaschine. Seit die 2008 unter dem Weihnachtsbaum stand, habe ich langsam aber sicher eine große Leidenschaft entwickelt. Ich bin bekannt dafür, mich in neue Dinge zu stürzen, ohne viel darüber zu wissen. Das war auch beim Nähen nicht anders. Ich habe mich mehr oder weniger ungeschickt Schritt für Schritt durch die verschiedenen Methoden gearbeitet und dabei meine Erfahrungen gemacht.

Bis ich mit meiner Nähmaschine zurechtkam, Fäden aufziehen, die Spulen einsetzen und die Fadenspannung richtig einstellen konnte, hatte ich ungefähr eine Million YouTube-Videos angeschaut, tonnenweise Blogartikel gelesen und massenweise Stoffreste verbraucht. Hätte ich einen Kurs belegt, wäre es vielleicht schneller gegangen, aber ich bin sicher, dass die Jahre, die ich damit verbracht habe, das Nähen auf meine Weise lieben zu lernen, mich zu der Schneiderin gemacht haben, die ich heute bin.

Mittlerweile habe ich meine Fähigkeiten vom DIY-Stil über Nähen nach Schnitten bis hin zum eigenen Entwurf weiterentwickelt. Die Ergebnisse sprechen für sich. 2014 verkaufte ich mein erstes selbst entworfenes Kleidungsstück über meine Website (ein einfaches T-Shirtkleid, das ich „In Bewegung" nannte). Mittlerweile hat es sich tausende Male verkauft und ist immer noch mein erfolgreichstes Modell.

Auf den folgenden Seiten werde ich mit Ihnen teilen, was ich über die Jahre gelernt habe. Ich habe festgestellt, dass es beim Nähen nie nur einen Weg gibt. Deshalb stelle ich Ihnen mitunter verschiedene Ansätze und Techniken vor und möchte Sie ausdrücklich ermutigen, sich etwas zuzutrauen, Fehler zu machen, und aus ihnen zu lernen!

Ich habe dieses Buch für Frauen geschrieben, die einfache Wochenend-Outfits mögen, sich gerne selbst etwas nähen und Spaß dabei haben wollen. Darum sind die Schnitte und die Anleitungen unkompliziert. Die Projekte gehen schnell und machen glücklich – Sie werden sehen.

xoxo,
Caroline

Bevor es los geht

So verlockend es ist, sich direkt in das Anfertigen eines neuen Wochenend-Outfits hineinzustürzen – bevor Sie das tun, schauen wir uns an, welches Zubehör Sie für einen entspannten Nachmittag an der Nähmaschine brauchen. Manche Dinge müssen zur Hand sein. Wer hat schon Zeit und Lust, mitten in der Arbeit loszustürmen, um etwas zu besorgen, ohne das es nicht weitergeht?

DAS HAND-WERKSZEUG

Ein paar Utensilien sollten Sie vorrätig haben, damit Ihre Nähprojekte entspannt und reibungslos vonstatten gehen können. Das hier sind meine persönlichen Must-Haves, abgesehen von der Nähmaschine, die unerlässlich ist.

SCHNEIDERSCHERE

Eine gute Stoffschere ist ihren Preis auf jeden Fall wert. Wenn man sie sorgfältig behandelt und ausschließlich zum Schneiden von Stoff verwendet, hat man sie ein Leben lang.

FADENSCHERE ODER EINE ANDERE KLEINE SCHERE

Sie werden feststellen, dass beim Nähen eine ganze Menge weitere Schneidearbeiten anfallen, für die eine handliche, spitze Schere bereit liegen sollte.

STECKNADELN

Stecknadeln sind notwendig, um den Stoff zu fixieren. Stecknadeln mit großen bunten Knöpfen sieht man besser; meine Lieblingsstecknadeln haben Blümchenköpfe. Denken Sie daran, die Nadeln kurz bevor Sie eine Naht nähen wieder zu entfernen.

MAGNET-NADELKISSEN

Eine praktische Erfindung, dank der keine Nadeln mehr verloren gehen oder auf dem Boden landen. Man kann sie auf das Kissen legen oder sogar werfen. Sie werden angezogen und liegen immer griffbereit.

NAHTTRENNER

Fehler passieren immer und wenn es Ihnen ähnlich geht wie mir, oft! Einen Nahttrenner griffbereit zu haben, bedeutet, sie schnell korrigieren zu können.

FERTIG GEWICKELTE ERSATZSPULEN

Es gibt wirklich nichts Traurigeres auf der Welt als eine lange Naht gemeistert zu haben und dann festzustellen, dass seit etlichen Zentimetern die Unterfadenspule leer war. Hat man fertig gewickelte Ersatzspulen vorbereitet, kann man wenigstens sofort weiterarbeiten. Leider ist Spule nicht gleich Spule. Achten Sie beim Kauf darauf, dass die Spulen für Ihr Nähmaschinen-Modell geeignet sind.

NÄHGARN IN NEUTRALEN FARBEN

Nicht immer ist farblich passendes Nähgarn notwendig. Viele Nähte lassen sich auch mit neutralen Farben nähen. Ich bevorzuge Grau und Beige. Davon kaufe ich große Spulen. Beim farbigen Garn kaufe ich Spulen in kleinerem Format, denn cas braucht man nur für die Außennähte.

NÄHMASCHINENNADELN

Auf Seite 19 sind verschiedene Nadelsorten beschrieben. Ein Vorrat an Ersatznadeln kann Ihnen den Gang zum Kurzwarenladen ersparen, wenn Sie gerade mitten im Nähprojekt stecken.

MASSBAND

Ein weiches, flexibles Maßband ist perfekt. Sie brauchen es zum Maßnehmen, um das Schnittmuster, nach dem Sie nähen wollen, an Ihre Figur anzupassen, und während des gesamten Projektes immer wieder.

SCHRÄGBANDFORMER

Ein praktisches Utensil, mit dem man kinderleicht Schrägband selber herstellen kann. Es gibt verschiedene Breiten und Sets für 6 mm, 12 mm, 18 mm und 25 mm. Für Kleidungsstücke wähle ich meist 18 mm, das gilt auch für alle Projekte mit Schrägband in diesem Buch.

BÜGELEISEN UND BÜGELBRETT

Ich hasse Bügeln. Wenn mein Mann mich bittet, ihm ein Hemd zu bügeln, erntet er ein entrüstetes Augenrollen. Aber beim Nähen habe ich nichts dagegen, denn ich weiß, dass meine Stücke besser und professioneller aussehen, wenn ich das tue. Ein gutes Bügeleisen und ein gutes Bügelbrett sind ein Muss für jeden, der näht, man braucht beides wirklich ständig! An meinem Bügeleisen schätze ich besonders die Dampffunktion, darauf sollten Sie beim Kauf unbedingt achten. Stellen Sie immer die richtige Temperatur ein, damit der Stoff nicht schmilzt.

ROLLSCHNEIDER UND SCHNEIDEMATTE

Manche Leute bevorzugen einen Rollschneider und eine Matte anstatt einer Schneiderschere. Ich empfehle Ihnen, beides auszuprobieren und dann zu entscheiden, womit Sie lieber arbeiten. Wenn Sie quilten haben Sie dieses Werkzeug vielleicht schon.

NÄHGEWICHTE

Ein Schnittmuster lässt sich mit so gut wie allem beschweren – mit einem Handy, einem Spielzeug, einer Wasserflasche. Wenn Sie es etwas edler haben möchten, kaufen Sie sich Nähgewichte, oder stellen Sie aus Unterlegscheiben (7,5 cm oder größer) selber welche her.

MARKIERHILFEN

Schneiderkreide, Trickmarker, Markierstifte oder Kopierrädchen – hier sollten Sie nach Ihren eigenen Vorlieben gehen. Probieren Sie auf jeden Fall verschiedene Methoden aus und entscheiden Sie dann, womit Sie am besten klarkommen.

DER GEEIGNETE STOFF

Es waren Stoffe, die mich überhaupt auf die Idee brachten, nähen lernen zu wollen: all die verschiedenen Texturen, Muster, Farben. Ich lief in Stoffgeschäften zwischen den verschiedenen Regalen mit den Stoffballen hin und her und strich über die Stoffe. Ich sah mir das Zusammenspiel der Farben an und studierte die Webmuster. (Bitte sagen Sie mir, das ich damit nicht allein bin!) Von den Materialangaben war ich regelmäßig verwirrt. Mein Verständnis reichte bis zu weich, dehnbar, samtig usw. und nicht darüber hinaus. Hier ist eine Übersicht der häufigsten Stoffarten, die Ihnen im Handel und auf den Materiallisten von Nähprojekten begegnen werden.

100% BAUMWOLLE
Ein Webstoff, der vielseitig verwendbar ist und oft für Kleidung und Heimtextilien, zum Beispiel beim Quilten, benutzt wird. Der Griff der Baumwolle – das heißt, wie sie sich anfühlt – hängt stark von der Qualität der verarbeiteten Fasern ab. Gute Baumwolle ist weich und geschmeidig. Sie kann in der Wäsche oder im Trockner einlaufen.

LEINEN
Ein luftdurchlässiges Gewebe, aus dem vor allem Sommerkleidung hergestellt wird. Leinen ist nicht elastisch, knittert leicht und läuft beim Waschen und Trocknen ein.

VOILE
Ein sehr feines, leichtes, luftdurchlässiges Baumwollgewebe mit weichem Griff, das sich toll verarbeiten lässt. Wie gemacht für Tops oder Schals für den Frühling.

RAYON
Luftdurchlässiges Gewebe mit seidiger Haptik, das wunderschön fällt. Gut geeignet für Tops und Kleider.

STRICK
Verschiedene weiche, luftdurchlässige, dehnbare Materialien. Die Sorten sind unterschiedlich elastisch. Wählen Sie den Stoff im Hinblick auf das Kleidungsstück, das Sie nähen wollen. Auf Seite 17 wird erklärt, wie man die Elastizität von Strick prüft.

CANVAS
Ein mittelschweres Gewebe, das sich für Hosen oder Shorts, die steifer abstehen dürfen, oder für Taschen eignet.

CHAMBRAY
Leichter Baumwollstoff lockerer, luftdurchlässiger Webart. Chambray ist häufig in einer Denim-Waschung zu finden, dabei aber nicht so steif wie Denim. Wird für Kleider, Röcke und Oberteile verwendet.

TENCEL
Sehr ähnlich wie Rayon. Tencel ist eine Faser, die aus recyceltem Holzstoff hergestellt wird. Der Stoff hat einen sehr weichen Griff und fällt wunderschön. Das Material knittert fast gar nicht und eignet sich bestens für Tops, Kleider und Röcke.

TWILL
Ein mittelschwerer Webstoff mit Struktur. Wird für Shorts, Hosen und sportliche Röcke verwendet.

PFLEGEHINWEISE

	WASCHEN				TROCKNEN		BÜGELTEMPERATUR		
	Kalt	Warm	Maschine	Handwäsche	Trockner	Legen/Hängen	Niedrig	Hoch	PROJEKTE
Baumwolle	X	X	X		X			X	Taschen, Shorts, Röcke
Leinen	X	X	X		X			X	Hosen, Taschen, Hüte
Voile	X	X	X		X	X		X	Kleider, Tops
Rayon	X		X	X		X		X	Kleider, Tops, Röcke
Strickjersey	X	X	X		X			X	Kleider, Tops, Röcke, Freizeitmode, Leggings
Canvas	X	X	X		X			X	Taschen, Röcke, Shirts
Chambray	X	X	X		X			X	Röcke, Tops
Tencel	X		X		X			X	Kleider, Tops, Röcke
Seide/Mischgew.	X			X		X	X		Tops, Röcke
Polyester/Mischgew.		X	X		X		X		Kleider, Tops, Röcke

DER GEEIGNETE STOFF

DIE ELASTIZITÄT EINES STOFFES PRÜFEN

Ausschlaggebend für die Elastizität eines Stoffes ist in der Regel ein mehr oder weniger großer Anteil an Elastan. Die Chemiefaser zieht sich selbst nach einer extremen Dehnung auf ihre Ausgangslänge zurück.

Um beurteilen zu können, wie sich ein Stoff bei der Verarbeitung verhalten wird, ist es wichtig, seine Elastizität zu prüfen. Schneiden Sie dazu ein 10 cm (parallel zur Webkante) x 20,5 cm (in der Breite) großes Stoffstück zu und falten sie es parallel zur Webkante auf die Hälfte. Die gefaltete Stoffkante legen Sie an einem Lineal am Nullpunkt an und halten sie mit der linken Hand fest. Mit der rechten Hand dehnen Sie den Stoff so weit wie möglich.

Teilen Sie die Länge nach dem Dehnen minus die Originallänge (10 cm) durch die Orignallänge und multiplizieren Sie das Ergebnis mit 100 und Sie erhalten einen prozentualen Wert für die Dehnbarkeit des Stoffes bzw. den Stretchanteil.

Lassen Sie das Stoffstück auf der rechten Seite los und sehen Sie, wie weit es sich wieder zurückzieht. Das Ergebnis gibt Auskunft über das Rücksprungsvermögen des Materials. Wenn es sich wieder auf seine Ausgangslänge zurückzieht, hat es eine sehr hohe Elastizität. Ist das nicht der Fall, müssen Sie bedenken, dass dieser Stoff sich so auch bei dem Kleidungsstück, das Sie nähen wollen, verhalten wird: Nach einer Dehnung wird er nicht in seine ursprüngliche Form zurückkehren.

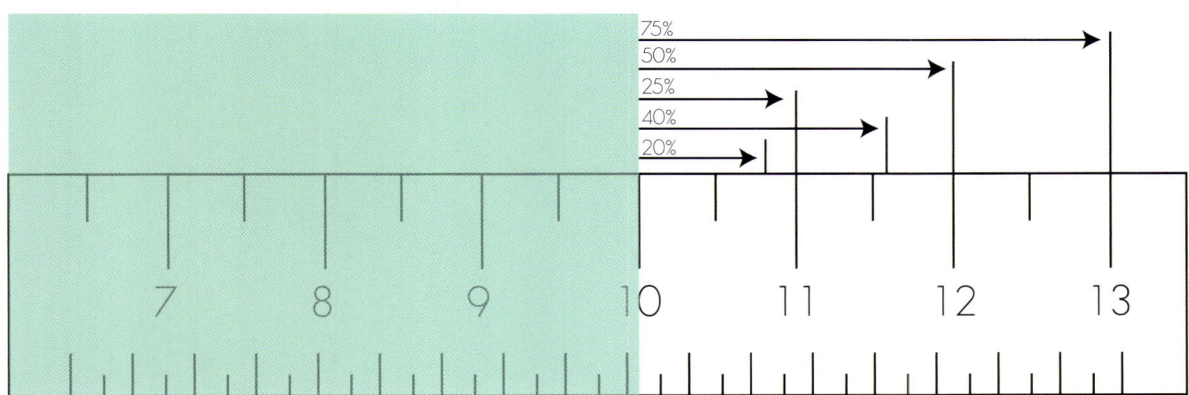

DIE PASSENDE NADEL

Beim Nähen sind die Utensilien, die Sie benutzen, von entscheidender Bedeutung. Das falsche Handwerkszeug kann Sie das ganze Projekt kosten, vom Spaß ganz zu schweigen. Ich habe oft erlebt, dass Leute das Nähen wieder sein ließen, weil es „zu schwierig und kompliziert" sei. Das ist es keineswegs! Jedenfalls muss es das nicht sein. Aber wie bei jedem Hobby brauchen Sie ein kleines bisschen Knowhow, noch bevor Sie anfangen.

Beim Nähen ist es sehr wichtig, mit der passenden Nadel zu arbeiten. Wenn Sie Ihre nagelneue Nähmaschine gerade erst ausgepackt haben, sind Sie ziemlich sicher auch bereits im Besitz von Universalnadeln. Diese Nadeln sind zum Lernen wunderbar, aber es gibt auch andere Nadelarten, die Sie kennen und benutzen sollten, sobald Sie verschiedene Stoffe verarbeiten. Hier ist eine Übersicht verschiedener Nähnadeln, die Sie beim Anfertigen Ihrer Wochenend-Outfits brauchen können.

UNIVERSALNADELN

Vielseitig nutzbare Nadeln, mit denen man Stoffe ohne Stretchanteil verarbeitet. Ausgezeichnet für Taschen aus nicht zu dickem Stoff und Kleidung aus Webstoffen sowie für die meisten Alltags-Näharbeiten.

JERSEYNADELN

Für die Verarbeitung von mittelelastischen Strickstoffen. Die kleine Kugel an der Nadelspitze bewirkt, dass die Nadel zwischen den Fasern einsticht, sodass diese nicht beschädigt werden.

STRETCHNADELN

Jerseystoffe mit hohem Stretchanteil und andere hoch-elastische Stoffe werden mit Stretchnadeln verarbeitet. Die Kugelspitze verhindert, dass der Faden sich verhakt oder die Maschine Stiche auslässt.

JEANSNADELN

Die spitzen Nadeln sind dafür gemacht, dickes Gewebe wie Denim, Canvas oder mehrere Stoffschichten, beispielsweise Einlagen, zu verarbeiten, ohne dass sie abbrechen oder die Maschine Stiche auslässt.

STEPPNADELN

Mit diesen Nadeln steppt man Säume durch mehrere Stoffschichten, ohne befürchten zu müssen, dass die Maschine Stiche auslässt. Sie sind ein Segen, wenn man beim Taschennähen mehrere Lagen Futterstoff, Einlagen und Stoff verarbeiten will.

DER RICHTIGE STICH

Nachdem Sie die für Projekt und Material passende Nähnadel ausgewählt haben, müssen Sie sich noch für einen Stich entscheiden. Hier folgt eine Übersicht der Stiche, mit denen ich am häufigsten arbeite, und die Sie für die Modelle in diesem Buch brauchen.

GERADSTICH

Einfacher, unkomplizierter Stich für alle häufig verwendeten Stoffe. Man kann die Länge unterschiedlich einstellen, je nachdem, ob Sie steppen oder lose gewebte Stoffe verarbeiten wollen.

― ― ― ― ― ― ― ― ― ― ― ― ― ―

ZICKZACKSTICH

Hin- und Rückstiche in Zickzackform benutzt man zum Beispiel, um Stretchstoffe zu nähen oder elastische Kanten zu verbinden. Spielen Sie mit Stichlänge und -weite und probieren Sie verschiedene Zickzackstiche für die optimale Naht aus.

∧∧∧∧∧∧∧∧∧∧∧∧∧∧∧

OVERLOCKSTICH

Mit dem Overlockstich versäubert man offene Stoffkanten, damit sie sich nicht auftrennen. Die Overlocknaht umkettelt die unversäuberte Kante mit Nähgarn. Overlock-Maschinen, die dem Stich seinen Namen gegeben haben, sind auf die Arbeit am Stoffrand spezialisiert, aber Auch die meisten Standardnähmaschinen bieten eine Auswahl von Overlockstichen.

Stoffkante

ELASTIK-ZICKZACKSTICH

Der auf der Nähmaschine mit dem Blitzsymbol gekennzeichnete Stich wird zum Nähen von Strickstoffen benutzt. Der Stich ist in sich dehnbar und macht das dehnbare Gewebe dadurch noch elastischer. Das erhöht den Tragekomfort.

⊓⊓⊓⊓⊓⊓⊓⊓⊓⊓⊓⊓

STEPPSTICH

Nähte an der Außenseite eines Kleidungsstücks werden mit dem Steppstich geschlossen. Ich verlängere die Stichlänge gerne ein wenig. Wählen Sie eir Nähgarn, das farblich zum Stoff passt (oder absichtlich einen Kontrast bildet).

DEKORATIVE STICHE

Dekorative Stiche eignen sich zum Verschönern von Halsausschnitten oder Kragen – eigentlich überall, wo Sie mögen! Ihre Nähmaschine wird einige im Angebot haben und es macht einfach Spaß, damit zu spielen.

PDF-SCHNITTMUSTER

PDF-Schnittmuster sind heute gang und gäbe. Früher beherrschten wenige große Marken mit mehr oder weniger trendigen Modellen den Schnittmuster-Markt. Doch etwa zu der Zeit, als ich mit dem Nähen anfing, änderte sich das. Designer und Designerinnen veröffentlichten ihre Schnitte selbst – und boten Schnittmuster als Dateien zum Herunterladen an. Vorbei die Zeit, da man im Fachhandel Schubladen voller Schnittmuster durchwühlen musste, in der Hoffnung, dass die gesuchte Größe vorrätig war, und dann zuhause mit dem Seidenpapier kämpfte – in der Hoffnung, dass nichts zerreißen oder davongeweht werden würde –, um schließlich daran zu verzweifeln, wie das blöde Ding wieder in den Umschlag zu stopfen war. (Das ging doch nicht nur mir so, oder?) Heute haben Sie mit wenigen Mausklicks einen Stapel Papier vor sich und können sofort mit dem Projekt loslegen, das Sie unbedingt um Mitternacht noch anfangen mussten.

PDF-Schnitte haben das Nähen revolutioniert. Wenn Sie sich noch nicht damit beschäftigt haben – es ist nie zu spät! Hier meine Tipps für das Arbeiten nach PDF-Schnittmustern.

1. Sie sollten Zugang zu einem guten Drucker haben. Im Grunde sind alle Modelle, die heute für den alltäglichen Bedarf im Handel sind, ausreichend, aber die schnellsten und günstigsten Ergebnisse liefert ein S/W-Laserdrucker. Der Toner hält ewig, und die Seiten sind blitzschnell ausgedruckt.

2. Öffnen Sie alle Seiten des Schnittmusters im Adobe Reader. Dieses Programm können Sie unter https://get.adobe.com/reader/ kostenlos herunterladen. Beim Ausdrucken wählen Sie die Vergrößerungsstufe 100%. Auf jeder ersten Seite eines Schnittmusters befindet sich links oben ein 5 x 5 cm großes Kästchen, an dem Sie den Maßstab prüfen können. Stellen Sie sicher, dass das Kästchen auf Ihrem Ausdruck genau 5 x 5 cm groß ist. (Wenn Sie ein Maßband verwenden, messen Sie von 2,5 bis 7,5 cm, dann wird die Messung exakter.)

3. Wenn Sie alle Seiten ausgedruckt haben, müssen Sie diese zu einem einzigen großen Schnittbogen zusammenfügen. Jeder Schnitt enthält eine Layout-Übersicht, auf der Sie sehen, wie Sie die einzelnen Seiten für den Schnittbogen aneinander legen müssen. Abb. 1 auf der nächsten Seite zeigt ein Beispiel.

   Die Schnittmusterseiten sind 18 x 25,5 cm groß. Schneiden Sie vor dem Zusammensetzen entlang der schwarzen Linie jeweils den oberen und den linken Rand jeder Seite ab.

   Legen Sie die grauen Quadrate so aufeinander, dass die Schnittlinien bruchlos aneinander anschließen. Fixieren Sie die Seiten mit Tesafilm oder Kleber.

4. Sie können die Schnittteile entweder auf Schnittmusterpapier übertragen oder direkt ausschneiden. Sie haben ja ein PDF, das Sie so oft ausdrucken können, wie Sie wollen!

Tipp
Wenn Ihr Computer kein CD-Laufwerk hat, können Sie die Schnitte auch hier herunterladen: http://downloads.stiebner.com/weekendstyle/Pattern.zip

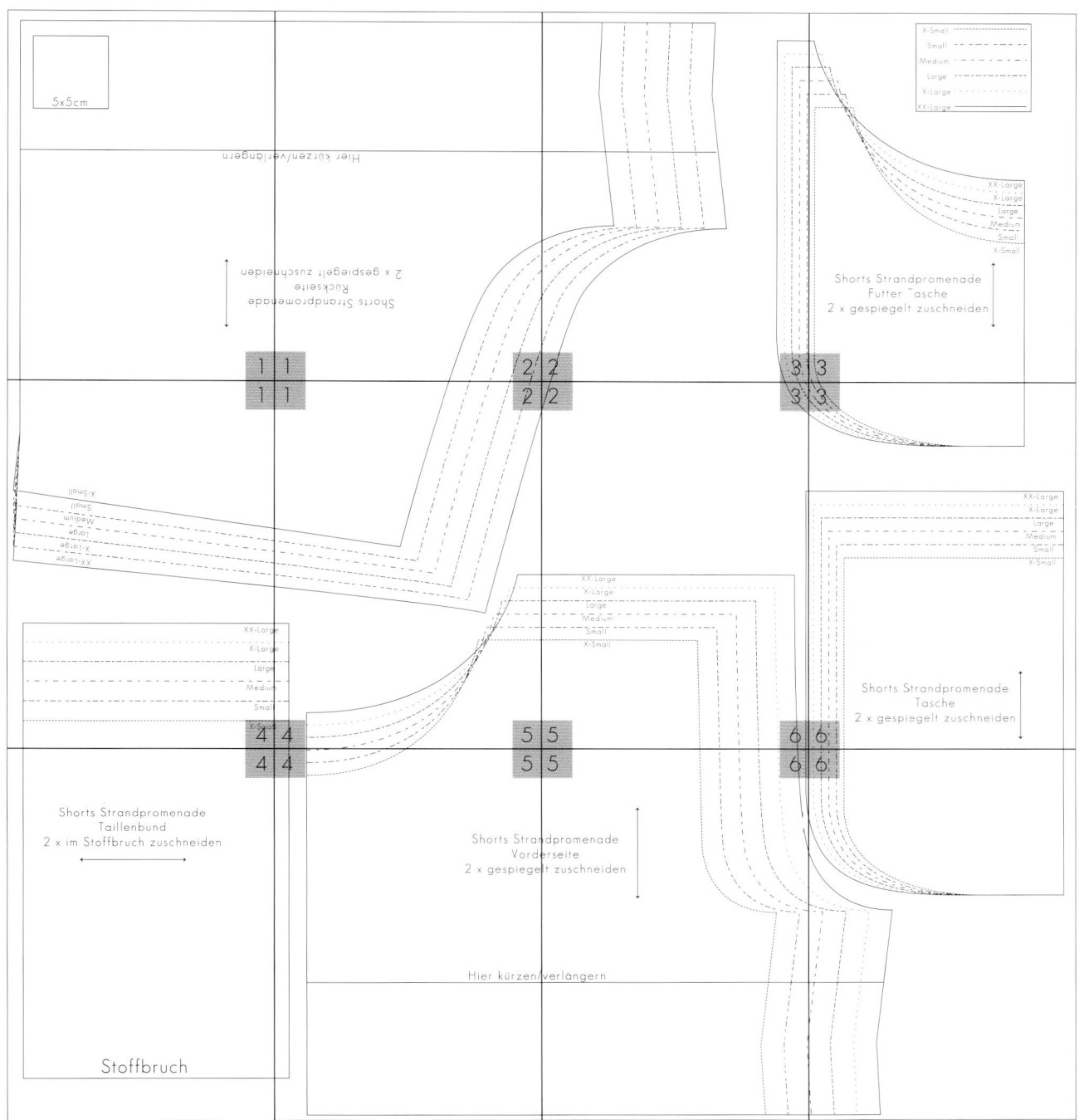

Abb. 1

PDF-SCHNITTMUSTER | 25

GRÖSSE UND SCHNITT ANPASSEN

Alle Schnitte in diesem Buch gibt es von Größe XS bis XXL, und die Röcke reichen von Gr. 32 bis 54. Dabei haben wir die unten abgebildeten Größentabellen zugrundegelegt. In jedem Schnittmuster wird erklärt, welche Maße Sie nehmen müssen, um die Größe, die Sie nähen möchten, zu bestimmen.

	BRUST		TAILLE		HÜFTE	
	Inches	cm	Inches	cm	Inches	cm
X-Small	31	78	24 ½	62	34	86
Small	33 ¾	85	27 ¼	69	36 ¾	93
Medium	36 ½	92	30	76	39 ½	100
Large	39 ¼	100	32 ¾	84	42 ¼	108
X-Large	42	107	35 ½	91	45	115
XX-Large	44 ¾	114	38 ¼	98	47 ¾	122

	TAILLENWEITE FÜR RÖCKE				
Größe	Inches	cm	Größe	Inches	cm
32	24 ½	62	44	32	82
34	25 ¾	65	46	33 ¼	85
36	27	67	48	34 ½	88
38	28 ¼	71	50	35 ¾	91
40	29 ½	75	52	37	95
42	30 ¾	78	54	38 ¼	98

BEI SICH SELBST MASS NEHMEN

Zum Maßnehmen sollten Sie sich bis auf die Unterwäsche ausziehen. Benutzen Sie ein flexibles Maßband und achten Sie darauf, es gleichmäßig gespannt anzulegen, nicht zu straff und nicht zu locker. Führen Sie es flach um den Körper herum.

Den Brustumfang misst man an der weitesten Stelle der Oberweite. Der Taillenumfang wird an Ihrer natürlichen Taille gemessen, normalerweise direkt oberhalb des Bauchnabels. Die Hüftweite misst man an der breitesten Stelle der Hüften (Abb. 1)

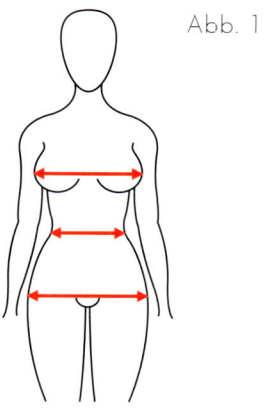

Abb. 1

DIE SCHNITTGRÖSSE ANPASSEN

Die Schnittmuster in diesem Buch entsprechen den gängigen Konfektionsgrößen für durchschnittlich große Frauen. Die meisten Kleidungsstücke sind locker und bequem geschnitten und müssen nicht exakt angepasst werden. Die Shorts sollten Sie nach Hüftweite nähen, die Röcke nach Taillenweite, die Kleider nach Brust- und Hüftweite. In jedem der Schnitte sind zusätzliche Nahtzugaben für die Länge enthalten.

Zum Verlängern der Schnitte ändert man nur die Vorder- und Rückenteile. Schneiden Sie sie entlang der Verkürzungs-/Verlängerungs-Linie auf Ihrem Schnittmusterbogen (Abb.2) in zwei Teile und hinterlegen Sie diese mit zusätzlichem Schnittmuster- oder normalem Papier. Befestigen Sie die Teile mit Tesafilm und verbinden Sie die Linien (Abb. 3). Schneiden Sie das überstehende Papier weg (Abb. 4). Schneiden Sie das Schnittmuster nochmals aus und wiederholen Sie die Prozedur in der gleichen Länge mit dem gegenüberliegenden Teil. Beim Kürzen legen Sie die beiden Papierstücke übereinander.

Die Modelle sind so geschnitten, dass sie lässig fallen, und sie sind zum häufigen Tragen gedacht. Bei Zwischengrößen empfehle ich eher die kleinere Größe. Wenn Ihre Maße mehr als zwei Kleidergrößen auseinanderliegen, sollten Sie den Schnitt anpassen. Wenn zum Beispiel Ihr Brustumfang bei S und Ihre Hüftweite bei L liegt, nehmen Sie bei Kleidern den Schnitt in Größe S für die Brustpartie und verlängern ihn nach unten zu L.

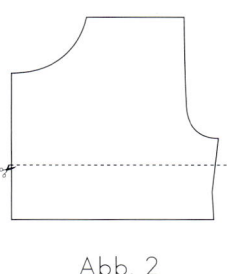

Abb. 2

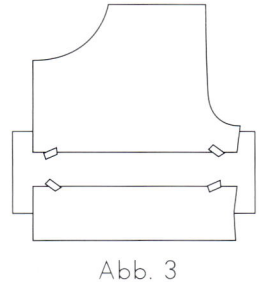

Abb. 3

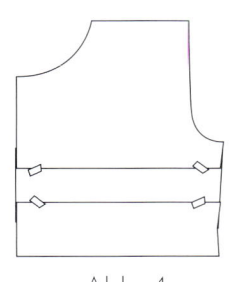

Abb. 4

Versäubern

Es gibt verschiedene Techniken, um die offenen Kanten (innen und außen) an einem selbst genähten Kleidungsstück zu versäubern. Hier kommt eine kurze Übersicht über die, die in diesem Buch benutzt werden. Einige sind untereinander austauschbar. Verwenden Sie diejenige, die Ihnen am besten liegt, aber lassen Sie diesen Schritt auf keinen Fall aus! Ihr Werk sieht einfach professioneller aus, wenn die Schnittkanten versäubert sind.

HALS- UND ARM-AUSSCHNITTE

Als ich anfing, nach Schnitten zu nähen, war das Versäubern der Hals- und Armausschnitte für mich das Abschreckendste überhaupt. Es schien, als würde jeder, der einen Schnitt entworfen hatte, eine andere Methode empfehlen. Ich werde Ihnen zeigen, wie ich es am liebsten mache, aber mit der ausdrücklichen Aufforderung, dass Sie später selbst entscheiden, welche Methode Ihnen am meisten liegt! Wenn Sie Ihre Technik gefunden und optimiert (will sagen geübt, geübt und nochmal geübt) haben, werden auch Sie in der Lage sein, Kleidungsstücke mit professionell versäuberten Kanten herzustellen. Noch eine Anmerkung: Ich beziehe mich in den folgenden Anleitungen nur auf Halsausschnitte, Sie können jedoch die Armausschnitte an ärmellosen Tops auf die gleiche Weise versäubern.

BESATZ MIT SCHMALEM SCHRÄGBAND
(wie am Tanktop mit Knopfleiste auf Seite 70 zu sehen)

Meine Lieblingsmethode zum sauberen Abschließen von Hals- und Armausschnitten an Blusen aus Webstoff wird Ihnen in den meisten Anleitungen in diesem Buch wiederbegegnen. Bei diesem sauberen Abschluss bleibt die Vorderseite glatt und es ist nur eine kleine gesteppte Naht zu sehen.

1. Nehmen Sie ein fast quadratisches Stück Stoff (ca. 50 x 55 cm) und schneiden Sie es etwa im 45°-Winkel in 3,2 cm breite Streifen.* Schneiden Sie mehrere Streifen, bis die Stücke zu kurz werden (Abb. 1).

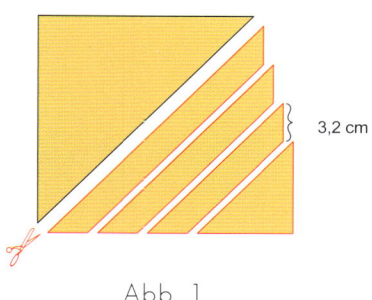

Abb. 1

2. Nähen Sie die Streifen aneinander, indem Sie die Stoffstücke rechts auf rechts aneinanderlegen, sodass an den kurzen Enden der rechten äußeren Seite der Querstreifen ein 90°-Winkel entsteht. Nähen Sie die Streifen von links oben nach rechts unten zusammen. Schneiden Sie die Nahtzugabe ab (Abb. 2)

   *Alternativ können Sie auch vorgefaltetes doppeltes Schrägband benutzen. Das Ergebnis ist das gleiche. Ich persönlich schätze selbst hergestellte Schrägbänder. Es dauert auch nicht lange.

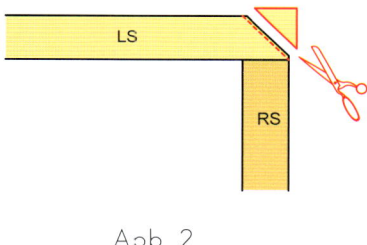

Abb. 2

3. Legen Sie das Schrägband rechts auf rechts an den Halsausschnitt Ihres Nähstücks. Ich setze beim Halsausschnitt am liebsten in der Mitte des Rückenteils an, beim Armausschnitt unter der Achsel. Heften Sie das Schrägband mit 1 cm Nahtzugabe an, wobei am Ende ein Rest von 2,5 cm stehen bleibt, den Sie lose lassen (s. Abb. 3).

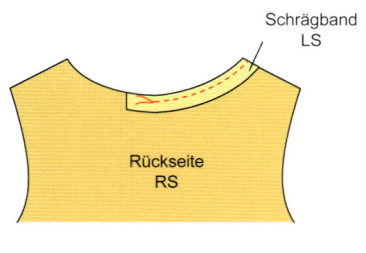

Abb. 3

Tipp

Verarbeiten Sie alle Ihre Stoffreste zu Schrägband, sodass Sie es bei Bedarf jederzeit zur Hand haben!

4. Wenn Sie etwa 2,5 cm vor Ihrem Ausgangspunkt angekommen sind, schneiden Sie die Enden des Schrägbandes so ab, dass sie ca. 1 cm überlappen. Ziehen Sie die Enden weg vom Kleidungsstück und nähen Sie diese rechts auf rechts 1 cm zusammen. Falten Sie diese Nahtzugabe mit den Fingern auseinander, legen Sie sie entlang des Halsausschnitts zurück und heften Sie das restliche Schrägband an den Halsausschnitt (Abb. 4). Falls Ihr Kleidungsstück einen Verschluss hat, lassen Sie je 1,3 cm Nahtzugabe am Anfang und am Ende stehen. Klappen Sie diese Nahtzugabe nach innen und bügeln Sie sie zum Kleidungsstück hin glatt, bevor Sie fortfahren.

5. Schneiden Sie die gerade gearbeitete Nahtzugabe bis auf 6 mm entlang der Rundungen ab. Schneiden Sie nicht aus Versehen in die Naht (Abb. 5)!

6. Bügeln Sie die Nahtzugabe zum Schrägband hin glatt (Abb. 6).

7. Wenden Sie das Kleidungsstück und arbeiten Sie auf links. Falten Sie das Schrägband zur Innenseite, sodass eine klare, scharfe Saumkante entlang des Halsausschnittes entsteht. Die Naht sollte genau an der Kante liegen. Bügeln Sie die Kante glatt und stecken Sie sie fest, wenn notwendig (Abb. 7).

8. Heften Sie so nah wie möglich an der gefalteten Kante entlang, und ziehen Sie währenddessen den Stoff straff. Beachten Sie, dass man den Faden, den Sie in diesem Arbeitsschritt verwenden, von außen sehen wird, er sollte also zum Stoff passen (Abb. 8).

9. Wenden Sie das Stück wieder und bügeln Sie den Halsausschnitt glatt (Abb. 9).

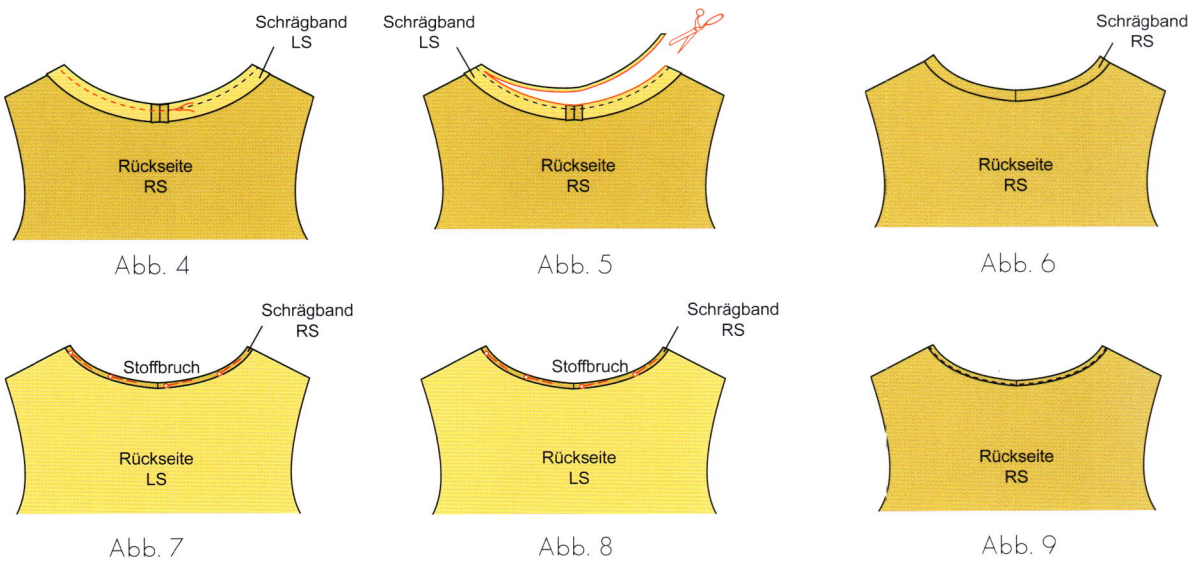

HALS- UND ARMAUSSCHNITTE

KANTE MIT SCHRÄGBAND EINFASSEN

Diese Methode ist bestens geeignet, um den Halsausschnitt mit einem kontrastierenden Stoff zu versäubern. Wenn Sie mit Strickstoff arbeiten, schneiden Sie die Streifen nicht schräg zum Fadenverlauf sondern längs zu der Richtung, in die der Stoff stärker dehnbar ist.

1. Nehmen Sie ein fast quadratisches Stück Stoff (ca. 50 x 55 cm) und schneiden Sie es etwa im 45°-Winkel in schräge, 1,3 bis 5 cm breite Streifen, je nachdem, welchen Schrägbandformer Sie benutzen wollen. Schneiden Sie mehrere Streifen zu, bis die Stücke zu kurz werden (Abb. 1). Schrägbänder mit einem Schrägbandformer (6 mm, 12 mm, 18 mm oder 25 mm) herzustellen, ist ein Kinderspiel. Ich verwende in diesem Buch immer 18 mm breites Schrägband. Die Stoffstreifen, die Sie zuschneiden, müssen doppelt so breit sein, wie die Breite des Schrägbandformers. Bei 18 mm macht das 3,9 cm.

2. Legen Sie die Stoffstücke rechts auf rechts aneinander, sodass an den kurzen Enden der rechten äußeren Seite der Querstreifen ein 90°-Winkel entsteht. Die Streifen von links oben nach rechts unten zusammennähen. Nahtzugabe abschneiden (Abb. 2) und die Naht auseinanderbügeln.

3. Ein Ende des Stoffstreifens mit der Innenseite nach oben in die breitere Seite des Schrägbandformers schieben. Wenn es am anderen Ende herauskommt, sofort zur Mitte hin glattbügeln (Abb. 3). Wenn der gesamte Stoffstreifen durch den Schrägbandformer gezogen wurde, falten Sie ihn nochmals längs auf die Hälfte, sodass die gefalteten Enden aneinanderstoßen. Glattbügeln. *

   *Alternativ können Sie auch vorgefaltetes doppeltes Schrägband benutzen. Das Ergebnis ist das gleiche. Ich persönlich schätze selbst hergestellte Schrägbänder. Es dauert auch nicht lange.

4. Um das Schrägband am Halsausschnitt zu befestigen, falten Sie es auseinander und legen es rechts auf rechts von der Mitte des Rückenteils am Ausschnitt entlang. Beim Armausschnitt unter der Achsel beginnen. 2,5 cm vor dem Ende, das dem Ausschnitt am nächsten liegt, mit Heften beginnen. Das Ende bleibt lose. (Abb. 4). Falls das Stück eine Öffnung hat, können Sie beide Enden des Bandes je 1,3 cm überstehen lassen. Diese Enden zum Kleidungsstück hin glatt bügeln, bevor Sie fortfahren.

Tipp

Recyceln Sie für ein Projekt aus Strickstoff für die Jersey-Schrägbänder ein altes T-Shirt. Das spart Geld!

5. Etwa 2,5 cm vor Erreichen des Ausgangspunkts schneiden Sie Ihre Enden so ab, dass sie ca. 1 cm überlappen. Ziehen Sie die Enden der Schrägbänder weg vom Kleidungsstück und nähen Sie diese rechts auf rechts 1 cm zusammen. Falten Sie diese Nahtzugabe mit den Fingern auseinander, legen Sie sie entlang des Halsausschnitts zurück und nähen Sie das restliche Schrägband am Ausschnitt fest (Abb. 5).

6. Die andere Kante des Schrägbandes wieder zurück zur Bügelfalte falten, also die gefaltete Kante an die Innenseite, dann an die gerade angefertigte Naht anlegen. Falls notwendig, mit Stecknadeln fixieren und im Nahtschatten der Kante des Schrägbandes (Abb. 6) festnähen. Diese Naht fertige ich von der Außenseite des Nähstücks, damit ich sicher sein kann, dass die Naht im Saum verschwindet.

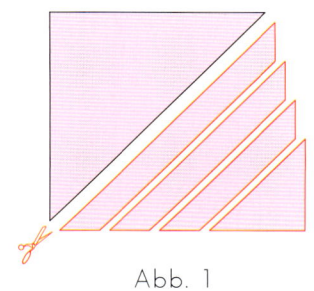

Abb. 1

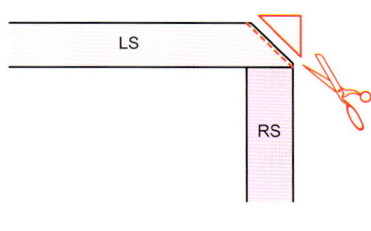

Abb. 2

Abb. 3

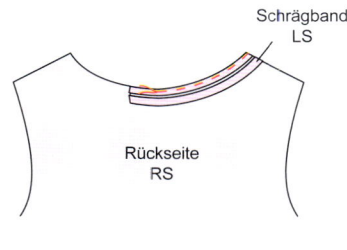

Abb. 4

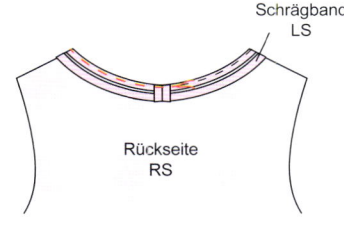

Abb. 5

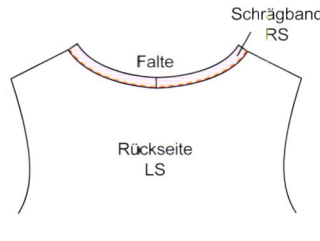

Abb. 6

HALS- UND ARMAUSSCHNITTE

HALSAUSSCHNITT AM T-SHIRT
(wie am Kurzarmshirt Tilly auf Seite 42 zu sehen)

Meine Lieblingsmethode zur Versäuberung der Kanten an Kleidungsstücken aus Strickstoff sieht professionell aus, und das Bündchen dehnt sich beim An- und Ausziehen mit. Sie können mit der Overlock-Nähmaschine oder mit einer Standardnähmaschine arbeiten. (Achten Sie bei einer Standardnähmaschine darauf, dass Sie den richtigen Stich für Strickstoffe auswählen.)

1. Aus Strickstoff von Webkante zu Webkante einen 5 cm breiten Streifen zuschneiden. Den Streifen, den Sie in der Länge selbst ausmessen oder nach Schnittmuster anfertigen, längs zu der Richtung, in die der Stoff stärker dehnbar ist, schneiden. (Abb. 1)

2. Den Streifen der Länge nach auf die Hälfte falten und glattbügeln (Abb. 2). Beim Bügeln mit Sprühstärke fixieren.

3. Die beiden kurzen Enden rechts auf rechts zusammenführen. Jeweils bei 6 mm anheften. Die Nahtzugabe mit den Fingern auffalten und festdrücken, dann das Bündchen wieder so falten, wie Sie es gebügelt hatten (Abb. 3).

4. Die vier „Ecken" des Bündchens finden, indem Sie hinten in die Mitte eine Stecknadel stecken, dann genau gegenüber, dann rechts und links (Abb. 4). Das Gleiche machen Sie am Ausschnitt des Nähstücks. Beachten Sie, dass die „Ecken" des Bündchens nicht mit den Schulternähten übereinstimmen müssen.

5. Legen Sie das Bündchen an die Außenseite des Nähstücks und führen Sie die drei offenen Kanten an den gesteckten Punkten zusammen (zwei am Bündchen, eine am Nähstück). Stecken Sie das Halsbündchen an diesen Punkten fest (Abb. 5). Das Bündchen sollte kleiner sein als der Ausschnitt.

6. Jetzt das Bündchen festnähen, wobei Sie das Material zwischen den vier Stecknadeln gleichmäßig dehnen (Abb. 6). Achten Sie darauf, dass Sie nicht den Halsausschnitt, sondern nur das Bündchen dehnen.

7. Wenn Sie fertig sind, bügeln Sie das Bündchen weg vom Kleidungsstück. Anschließend nähen Sie die Nahtzugabe mit dem Heftstich Ihrer Nähmaschine am Kleidungsstück fest.

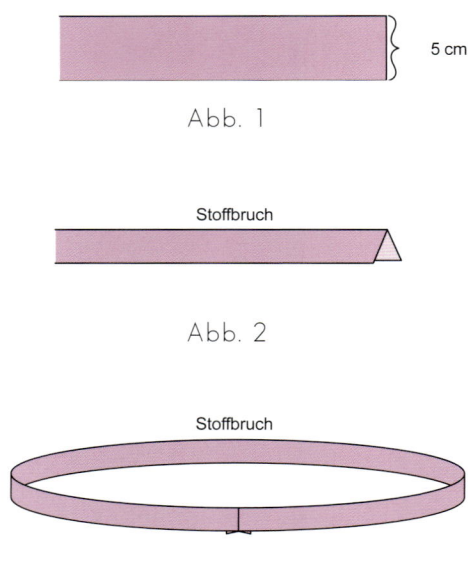

Abb. 1

Abb. 2

Abb. 3

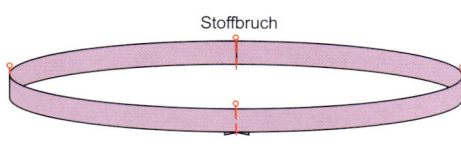

Abb. 4

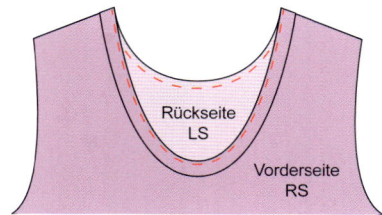

Abb. 6

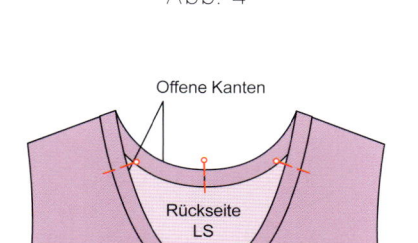

Abb. 5

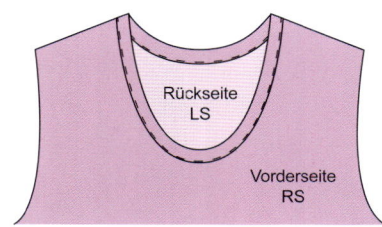

Abb. 7

Tipp

In manchen Anleitungen sind Länge und Breite des Materials, das Sie für ein Bündchen brauchen, extra angegeben, in anderen, wie beim Kurzarmshirt Tilly, ist das Bündchen Teil der Schnittvorlage. Wenn Sie die Technik bei einem Modell anwenden wollen, bei dem kein Bündchen vorgesehen ist, messen Sie den Halsausschnitt aus und berechnen 85 % vom Ergebnis. Das ergibt die Länge, die Sie für das Bündchen benötigen. Sie variiert je nach Dehnbarkeit des Materials etwas, dennoch ist dieses Maß eine brauchbare Faustregel. Dehnen Sie das Bündchen beim Arbeiten.

VERSÄUBERN VON NAHTZUGABEN

Es gibt verschiedene Methoden, die Nahtzugaben an den Innenseiten Ihrer Nähstücke zu versäubern. Es ist wichtig, diese Nahtzugaben zu versäubern, da der Stoff sonst ausfransen kann und überall Fädchen hinterlässt. Besonders wichtig ist dieser Schritt bei Stücken, die Sie häufig tragen möchten.

OVERLOCK-NÄHMASCHINE

Ich arbeite häufig mit einer Overlock. Das ist eine Nähmaschine, mit der man sehr schön versäuberte Kanten erzeugen kann. Die Maschine hat außerdem ein integriertes Schneidemesser, mit dem die Nahtzugabe in Form geschnitten wird, während der Stoff durch die Maschine läuft und die Kanten mit dem Overlockstich versäubert werden. Sie können, je nach Modell, zwei- bis fünffädige Nähte nähen und die Innenkanten sehen professionell aus. Mit der Overlock-Maschine kann man besonders gut Strickstoffe verarbeiten, da die Stiche eine hohe Elastizität haben.

OVERLOCK-/ZICKZACKSTICH

Wenn Sie keine Overlock-Nähmaschine haben, sind diese Stiche eine Alternative. Auch wenn es nicht ganz so schnell geht und nicht ganz so sauber wird, sind die Overlock- und Zickzackstiche auf Standardnähmaschinen auf jeden Fall auch gut zum Versäubern geeignet.

FRANZÖSISCHE NAHT

Wenn Sie an Ihren Nähstücken innen keine offenen Kanten oder losen Fäden haben möchten, müssen Sie französische Nähte arbeiten. Die brauchen zwar etwas mehr Zeit, sind aber nicht besonders schwierig zu nähen und sind sehr stabil. Eine Sache, die Sie schon beim Zuschneiden beachten müssen, ist, dass die Nahtzugabe groß genug sein muss. 1,5 cm Nahtzugabe sind ideal, aber 1,3 cm können ausreichen. Bei der Anleitung rechts bin ich von 1,5 cm Nahtzugabe ausgegangen, bei 1,3 cm müssen Sie die Maße entsprechend ändern.

1. Nähen Sie die Stoffkanten 1 cm an der Innenseite entlang zusammen (Abb. 1).

2. Schneiden Sie dann die Nahtzugabe auf gut 3 mm ab (Abb. 2) und bügeln Sie diese nach einer Seite.

3. Wenden Sie das Nähstück und bügeln Sie die Kanten so flach wie möglich. Nähen Sie 6 mm an der Kante entlang (Abb. 3).

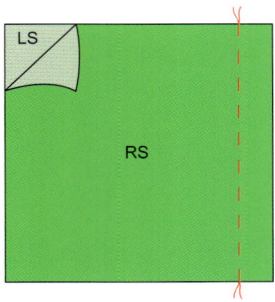

Abb. 1

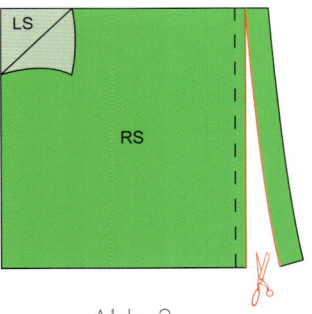

Abb. 2

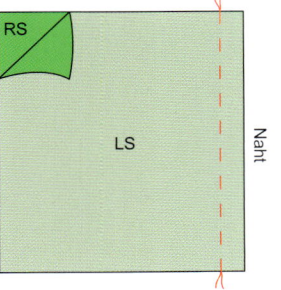

Abb. 3

Wochend-Outfits

Von bequemen Shorts für einen faulen Samstagvormittag bis zum Glitzerrock für die Verabredung am Samstagabend – mit den Kleidungsstücken, die ich Ihnen nun vorstelle, haben Sie für jede Gelegenheit, die das Wochenende bringen mag, das richtige Outfit. Die Anleitungen erklären Schritt für Schritt, wie Sie ein Projekt umsetzen, um möglichst bald darin losziehen zu können.

Kurzarmshirt Tilly

Dieses T-Shirt, aus einem leichten Jersey genäht, ist ein fließendes, bequemes Oberteil, das zu allem passt. Das Shirt hat locker sitzende Ärmel, ein Halsbündchen und umspielt die Figur um Hüfte und Taille. Man kann es mit dem Rock Picknick (Seite 54) kombinieren, aber es sieht auch zu anderen Outfits gut aus. Die Schnittgröße bestimmen Sie nach Ihrem Brustumfang.

STOFF

Art
Leichtes bis mittelschweres Strickgewebe, zum Beispiel Jersey, Rayon, Polyester oder andere leichte Mischgewebe mit mindestens 40 % Stretchanteil.

Materialmenge
140 x 90 cm

WEITERES ZUBEHÖR

Schnittmuster Kurzarmshirt Tilly (4 Teile)

Nähanleitung

1. Vorder- und Rückenteil rechts auf rechts an den Schulternähten aneinanderlegen. Schulternähte feststecken und heften. Die beiden Teile auseinanderklappen und mit der Außenseite nach oben flach ausbreiten, sodass sie sich nicht berühren.

2. Die Mittelmarkierung am Ärmel rechts auf rechts an die Schulternaht anlegen. Die doppelte Markierung kommt nach hinten, die einfache nach vorne.

3. Den Ärmel an den Armausschnitt heften. Schritt 2 und 3 am anderen Ärmel wiederholen.

4. Das Shirt nach innen wenden und die Seitenkanten aneinande-legen. Vom unteren Saum des Ärmels beginnend Ärmel und Seiten feststecken, dann heften (Abb. 1).

5. Nach der Anleitung Seite 36 ein Halsbündchen nähen.

6. Die Ärmel säumen, dafür zunächst die offenen Kanten 1 cm nach innen bügeln, dann mit Zickzackstich annähen. Anschließend den Saum des T-Shirts erst 6 mm, dann 2,5 cm nach innen Bügeln. Mit Zickzackstich säumen (Abb. 2).

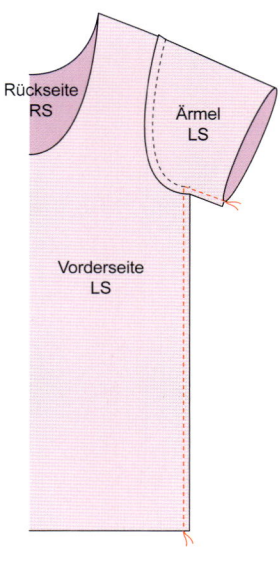

Abb. 1

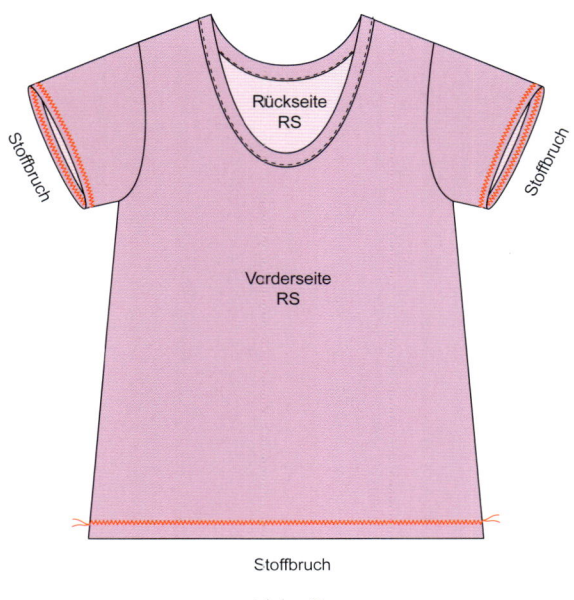

Abb. 2

Lockeres Strandkleid

Dieses Kleid ist perfekt, um es auf dem Weg zum Strand oder ins Schwimmbad über den Badeanzug zu streifen. Schneidern Sie am besten gleich mehrere aus Ihren Lieblingsstoffen, das bringt Abwechslung für den ganzen Sommer. Das Strandkleid lässt sich natürlich auch als Sommerkleid tragen. Accessoires wie das Haarband mit Turbanknoten (Seite 114) oder die Badetasche (Seite 86) sind tolle Ergänzungen. Das Kleid hat einen einfachen Schnitt und ist mit Strickbündchen eingefasst, aus denen auch die Träger gearbeitet sind. Die Schnittgröße bestimmen Sie nach Brustumfang und Hüftweite.

STOFF

Art
Leichtes bis mittelschweres Strickgewebe, zum Beispiel Jersey, Rayon, Polyester andere leichte Mischgewebe. Der Stoff sollte weich und fließend fallen und einen Stretchanteil haben.

Materialmenge
140 x 210 cm

(Weniger Material bei Mustern, die keine bestimmte Laufrichtung haben.)

WEITERES ZUBEHÖR

Bündchenstoff für die Einfassungen (11,4 cm breit)

Schnittmuster Lockeres Strandkleid (2 Teile)

Nähanleitung

1. Vorder- und Rückenteil links auf links an den Seiten passend aneinanderlegen. An den Seiten französische Nähte (Anleitung auf Seite 39) arbeiten.

2. Die Stellen, an denen Hals- und Armausschnitte aufeinandertreffen 6 mm einfalten und abheften (Abb. 1).
   Nach der Anleitung auf Seite 34 aus dem Bündchenstoff Schrägbänder herstellen.

3. Das Schrägband in die Hälfte falten und an die Mitte des Rückenteils stecken. Dann das Schrägband an den Rückenausschnitt nähen (Anleitung Seite 34). Das Schrägband über die Ausschnittkante hinaus knappkantig absteppen, sodass Träger entstehen (Abb. 1).

4. Das Schrägband in die Hälfte falten und an die Mitte des Vorderteils stecken. Dann das Schrägband an Vorder- und Armausschnitte nähen (Anleitung Seite 34). Das Schrägband über die Ausschnittkante hinaus knappkantig absteppen, sodass Träger entstehen (Abb. 1).

5. Das Kleid anprobieren, um die Träger auf die richtige Länge zu bringen. Die Träger nach vorne holen: Die äußeren Träger werden gerade an der Vorderseite angebracht und an den äußeren

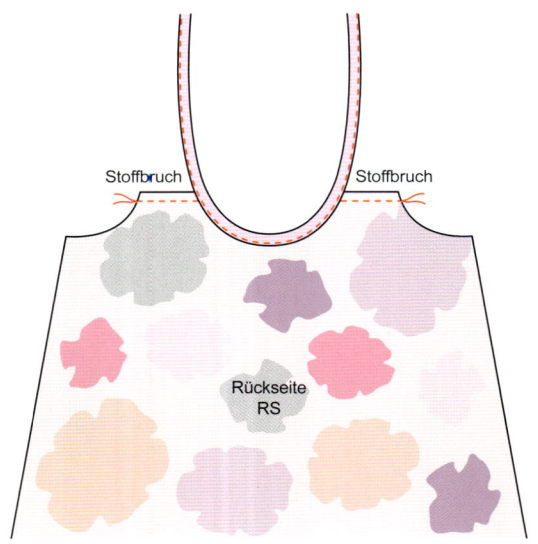

Abb. 1

Abb. 2

Markierungen befestigt. Die inneren Träger werden überkreuzt und an den inneren Markierungen befestigt (Abb. 2).

6. Das Kleid säumen, indem Sie den unteren Saum zweimal 1,3 cm nach innen umbügeln. An der oberen Umschlagfalte entlang festnähen (Abb. 3).

Abb. 3

Shirt Larchmont

Dieses Shirt mit Flügelärmeln wird am Rücken geknöpft. Es ist einfach zu nähen, aber aus dem richtigen Stoff gearbeitet, ist es mit vielen verschiedenen Kleidungsstücken kombinierbar. Das Shirt mit Blusen-Charakter ist gerade schick, aber gleichzeitig leger genug zum Shopping mit Freunden. Steigen Sie in Ihre Lieblings-Röhrenjeans, und schon sind Sie startklar! Die Schnittgröße bestimmen Sie nach Ihrem Brustumfang.

STOFF

Art
Leichter Webstoff wie Chambray, Rayon oder Voile – alles, was weich und fließend fällt beziehungsweise schwingt

Materialmenge
Stoffbreite 1,20 m:
XS-M, 210 cm
L-XXL, 210 cm
Stoffbreite 1,40 m:
XS-M, 140 cm
L-XXL, 210 cm

WEITERES ZUBEHÖR

3 mm breites Gummiband

1 Knopf (1,3 cm)

Schnittmuster Shirt Larchmont (3 Teile)

Nähanleitung

1. Vorder- und Rückenteil rechts auf rechts mit den Schulter- und Seitenkanten aneinanderlegen. Schulter- und Seitennähte heften. Die offenen Kanten mit Zickzack- oder Overlockstich versäubern.

2. Ärmelkanten 6 mm einfalten und glattbügeln. Knappkantig absteppen (Abb. 1).

3. Das Shirt auf links wenden. Das Gummiband auf die Hälfte falten und ca. 2,5 cm unterhalb des Ausschnitts am Rückenteil auf die Markierung setzen, die Sie vom Schnittmuster übertragen haben. Legen Sie das Blenden-Stück entlang der Markierung rechts auf rechts in die Mitte des Rückenteils. Stecken Sie es fest und nähen Sie entlang der Markierung. Achten Sie darauf, dass Sie das Gummiband zwischen Blende und Stoff festnähen (Abb. 2).

4. Schneiden Sie die Blende zwischen den Nähten bis fast zu den untersten Stichen und an den Ecken auf. Dabei darauf achten, dass Sie die Nähte nicht durchtrennen (Abb. 3).

5. Falten Sie die Blende nach innen an die linke Seite und klappen Sie die offenen Kanten um, sodass man sie nicht sieht. Bügeln und durch alle Lagen feststeppen (Abb. 4).

6. Den Knopf von rechts an das Rückenteil annähen, sodass man das Ösenband bequem darüberziehen kann.

7. Den Halsausschnitt mit Schrägband knapp absteppen (siehe Anleitung auf Seite 31).

8. Den Saum 6 mm und dann nochmals 1 cm nach innen falten und bügeln und anschließend knappkantig absteppen (Abb. 5).

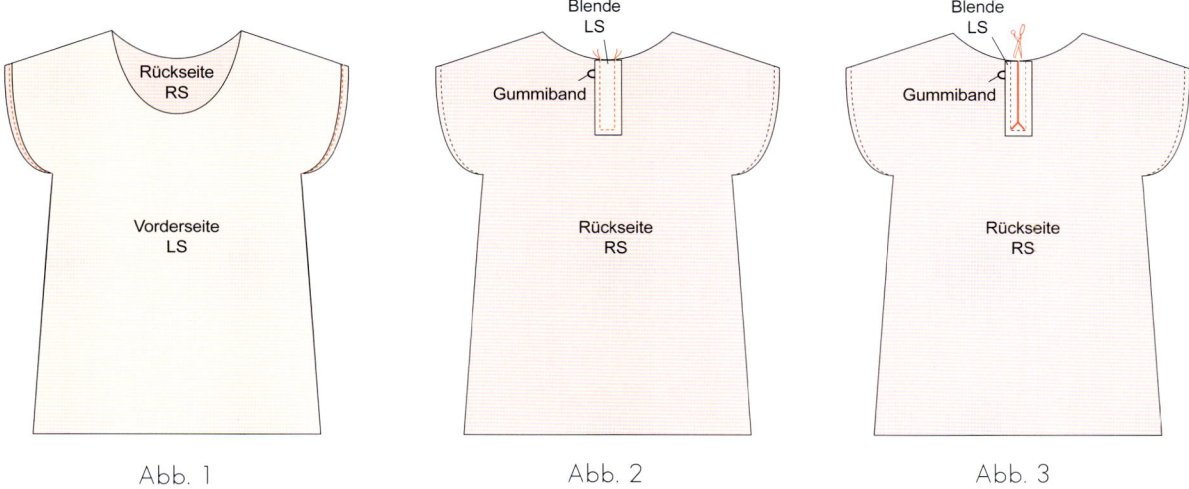

Abb. 1   Abb. 2   Abb. 3

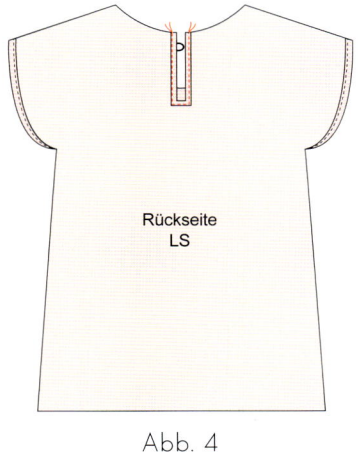

Abb. 4

Abb. 5

Rock Picknick

Dieser Rock macht ein Picknick im Park erst komplett. Man kann das Modell aus verschiedenen Materialien nähen. Der Rock wird vorne geknöpft, und Sie können ihn nach Wunsch mit tiefen Vordertaschen versehen, die nützlich sind, aber auch dekorativ. Kombinieren Sie den Rock mit dem Kurzarmshirt Tilly (Seite 42) und Ihren Lieblingssandalen oder auch mit Chucks, und genießen Sie den Nachmittag. Die Schnittgröße bestimmen Sie nach Ihrer Taillenweite.

STOFF

Art

Leichter bis mittelschwerer Webstoff wie Quilt-Baumwolle, Chambray, leichter Denim, Rayon oder Voile

Materialmenge

Stoffbreite 1,20 m:
alle Größen, 180 cm
Stoffbreite 1,40 m:
XS-M, 150 cm
L-XXL, 170 cm

WEITERES ZUBEHÖR

Bügelvlies, 51 x 30 cm

Knopflochfuß

6 Knöpfe (1,3 cm)

Schnittmuster Rock Picknick (5 Teile)

Nähanleitung

1. Das Rückenteil mit der rechten Seite nach oben ausbreiten und die Vorderteile rechts und links davon ebenfalls mit der rechten Seite nach oben anlegen. Die Seitennähte feststecken und schließen. Mit der Overlock-Nähmaschine oder Zickzackstich versäubern.

2. An der Taille zwei Heftnähte machen, eine bei 3 mm, die zweite bei 6 mm. Den Stoff der Bundweite angepasst raffen, dabei den Faden um die Stecknadelköpfe wickeln, um die Raffung zu fixieren. Die beiden Markierungen am Bund an den Seitennähten ausrichten (Abb. 1).

3. Mit der rechten Seite nach oben den Bund an der Oberkante des Rocks anlegen. Die Raffung rundum gleichmäßig zurechtzupfen. Feststecken und heften (Abb. 2). Bund und Nahtzugabe nach oben bügeln.

4. Das Futter des Bundes am unteren Rand 6 mm nach innen falten und bügeln. Die nicht gefaltete Kante am oberen Rand der Vorderseite des Bundes rechts auf rechts feststecken (Abb. 3). Den gesteckten Rand heften, dann die Nahtzugabe zum Bund hin umbügeln.

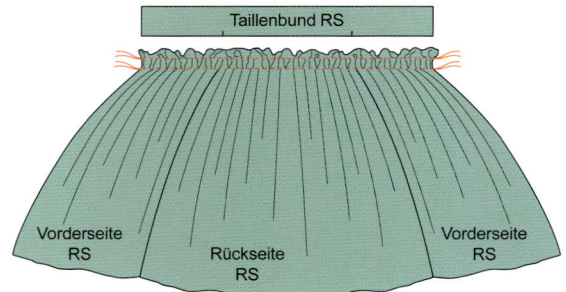

Abb. 1

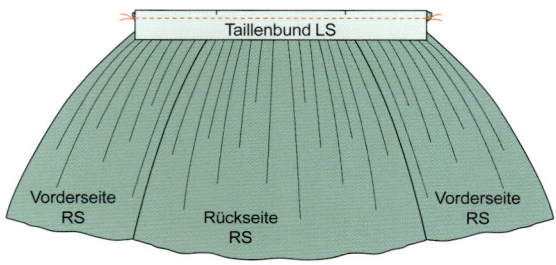

Abb. 2

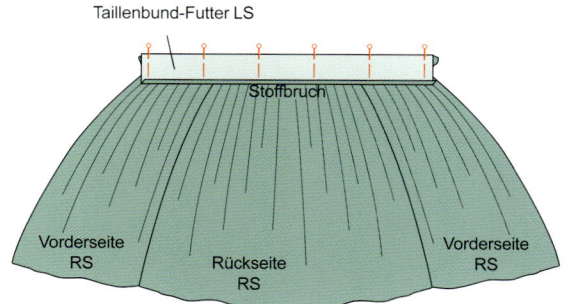

Abb. 3

5. Das Futter des Bundes nach innen drehen und den oberen Saum glattbügeln. Die gefaltete Kante des Futters sollte knapp unterhalb der Markierung für die Naht des Bundes liegen. Stecken Sie den Bund fest und drehen Sie den Rock auf rechts. Nähen Sie im Nahtschatten und achten Sie dabei darauf, dass Sie das Futter mit festnähen. Stecknadeln während des Nähens herausziehen, wenn Sie sie nicht mehr brauchen.

6. Bügeln Sie alle Kanten der Taschen bis auf den oberen Saum 6 mm nach innen um. Die obere Kante falten Sie zweimal 6 mm um. Bügeln und feststeppen (Abb. 4). Mit der zweiten Tasche genauso verfahren.

7. Die Taschen an den entsprechenden Markierungen auf den Rock legen. Feststecken, dann Seiten- und Unterkanten feststeppen.

    Den Rocksaum zweimal 2,5 cm nach innen einschlagen und bügeln. Feststeppen. Dabei darauf achten, dass Sie die Kante des Saums auf der linken Seite mit festnähen.

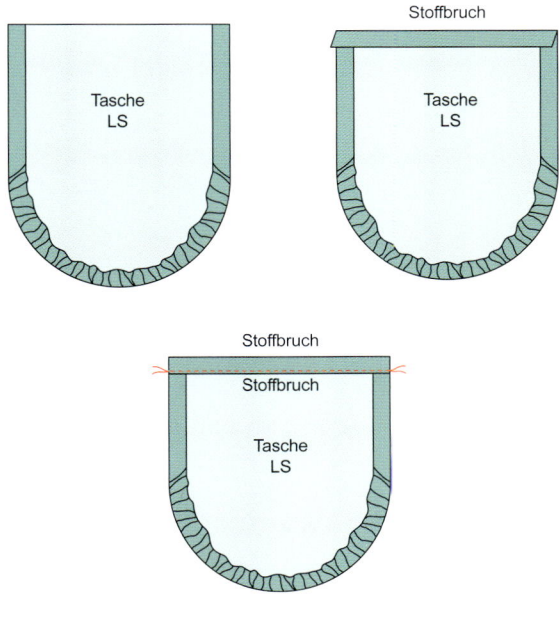

Abb. 4

8. Das Bügelvlies nach Anleitung des Herstellers innen an der Blende aufbügeln. Das Vlies an die rechte (von Ihnen aus gesehen linke) Rockseite anlegen. Bei 1 cm feststecken und anheften. Diese Nahtzugabe zur Blende hin bügeln (Abb. 5).

9. Das Gegenstück der Blende bei 1 cm nach innen falten und glattbügeln.

10. Die Blende mittig zur Innenseite umklappen und die Kante glattbügeln. Die nach innen gefaltete Kante der Blende sollte knapp rechts von der Naht verlaufen (Abb. 6). Die Blende feststecken und den Rock auf rechts wenden. Nähen Sie im Nahtschatten und achten Sie dabei darauf, dass Sie an der Innenseite das Futter mit festnähen. Stecknadeln während des Nähens herausziehen, wenn Sie sie nicht mehr brauchen. (Abb. 7).

Bei der linken Rockhälfte Schritte 8 bis 10 wiederholen. Sie benutzen hier die ungefütterte Seite der Blende.

11. Die Blende glattbügeln und die Markierungen für die Knopflöcher von der Schablone auf die rechte (von Ihnen aus gesehen linke) Blendenseite übertragen. Mit dem Knopflochfuß Ihrer Nähmaschine die Knopflöcher nähen. Mit dem Nahttrenner vorsichtig Schlitze in die Knopflöcher schneiden (Abb. 8).

Markieren Sie an der linken (von Ihnen aus gesehen rechten) Rockseite die Stellen, denen Sie die Knöpfe anbringen müssen und nähen Sie diese entweder mit dem Knopfannähfuß Ihrer Nähmaschine oder mit der Hand an den Rock.

12. Schließen Sie die Knöpfe (Abb. 9).

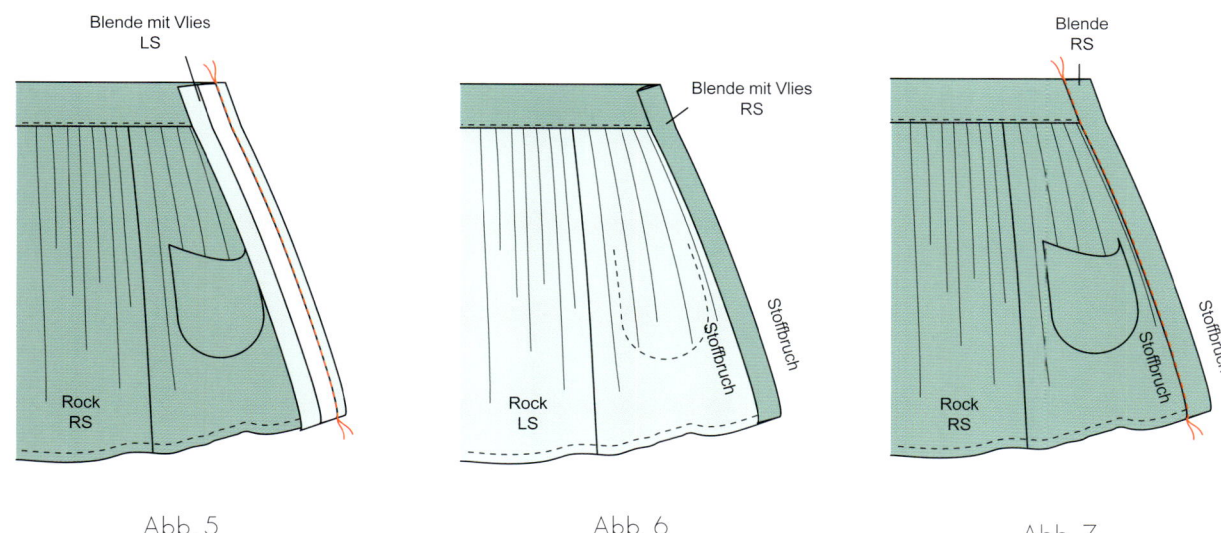

Abb. 5   Abb. 6   Abb. 7

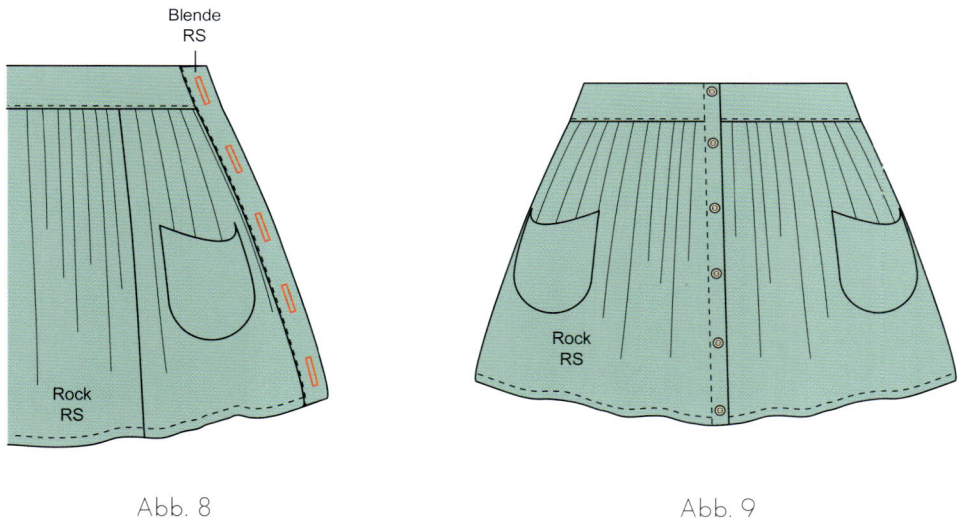

Abb. 8   Abb. 9

ROCK PICKNICK

Shorts Strandpromenade

Die Shorts sind an einem Nachmittag genäht. Sie brauchen nur noch hineinzuschlüpfen und loszuziehen, was auch immer Sie vorhaben. Man kann sie mit einem einfachen T-Shirt wie dem Modell Tilly (Seite 42) kombinieren oder ein Tanktop dazu tragen. Ein lässiges Stück Freizeitmode vom Früh- bis in den Hochsommer. Die Shorts haben einen elastischen Bund mit Paperbag-Taille. Mit einem selbst genähten Stoffgürtel wird der Look perfekt. Die passende Schnittgröße bestimmen Sie nach Ihrer Hüftweite.

STOFF

Art
Mittelschwerer bis schwerer Webstoff wie Denim, Chambray, Canvas oder Baumwollstoff

Materialmenge
Stoffbreite 1,20 m:
alle Größen, 140 cm
Stoffbreite 1,40 m:
alle Größen, 100 cm

WEITERES ZUBEHÖR

2 cm breites Gummiband

1 große Sicherheitsnadel

Schnittmuster Shorts Strandpromenade (5 Teile)

Nähanleitung

1. Versäubern Sie die Außenkanten der Taschen und Taschenfutterstücke mit Zickzack- oder Overlockstich, oder benutzen Sie eine Zackenschere.

2. Legen Sie ein Vorderteil mit der rechten Seite nach oben und das passende Taschenfutter mit der rechten Seite nach unten so, dass die konkaven Kanten aufeinanderliegen. Stecken Sie das Futter fest und heften Sie die beiden Teile 1 cm vor der Kante zusammen (Abb. 1). Schneiden Sie den gebogenen Rand ein, drehen Sie das Futter auf links und bügeln Sie es, bis der Saum ganz glatt ist.

3. Arbeiten Sie 6 mm vor der Kante eine gesteppte Naht.

4. Nähen Sie die Taschen nach einer der folgenden Methoden an:

    A. Legen Sie das Vorderteil mit der rechten Seite nach unten und darauf das passende Futterstück, ebenfalls mit der rechten Seite nach unten, sodass Ober- und Seitenkanten beider Teile genau übereinander liegen. Feststecken und heften. Nähen Sie 6 mm vor der Kante am konvexen äußeren Rand von Tasche und Futter entlang, sodass sie auf dem Vorderteil der Shorts sitzen (Abb. 2).

    B. Zweite Möglichkeit: Tasche und Futter vom Vorderteil wegziehen, zusammenstecken und zusammennähen und dann an Seiten- und Oberkante heften.

    Wiederholen Sie die Schritte 2 bis 4 für das zweite Hosenbein.

5. Legen Sie ein Vorderteil und das Rückenteil der Shorts rechts auf rechts zusammen, sodass die Innennähte aneinander liegen. Feststecken und heften, dann die Naht versäubern und nach hinten bügeln.

6. Die Seitenkanten des Vorder- und Rückenteils aneinander legen, feststecken und heften. Die Kante versäubern und nach hinten bügeln (Abb. 3).

    Wiederholen Sie die Schritte 5 und 6 für das zweite Hosenbein.

7. Ein Bein auf rechts drehen und in das andere hineinstecken, sodass die rechten Seiten aufeinanderliegen und alle Kanten zusammenpassen. Feststecken und entlang der entstandenen U-Form nähen (Abb. 4). Die Kante mit einer Overlock-Nähmaschine versäubern oder den gebogenen Rand einschneiden und die beiden Kanten auseinanderbügeln. Die Shorts auf rechts drehen.

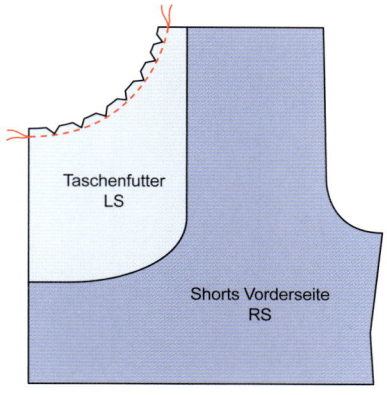

Abb. 1

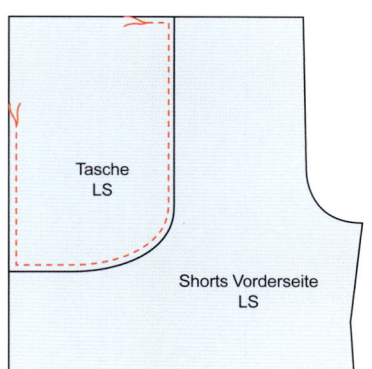

Abb. 2

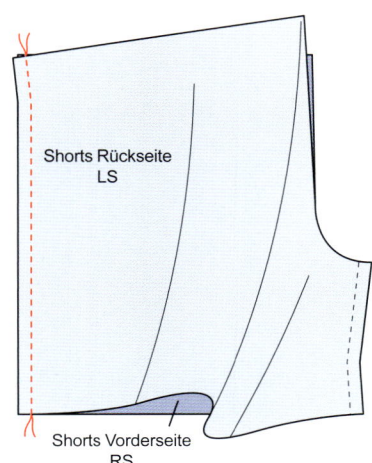

Abb. 3

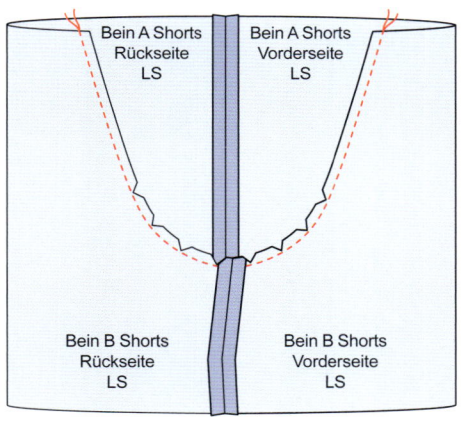

Abb. 4

SHORTS STRANDPROMENADE | 63

8. Die beiden Bundstücke rechts auf rechts aneinanderlegen und die kurzen Enden zusammennähen. Dadurch entsteht eine große Schlaufe. Die offenen Kanten links auf links zusammenfalten. Glattbügeln (Abb. 5).

9. 2,5 cm vom Rand einmal entlang der gesamten Schlaufe nähen, dann noch einmal 2,5 cm weiter unten, sodass ein etwa 5 cm breiter Tunnel entsteht, durch den das Gummiband geführt wird (Abb. 6).

10. Die beiden offenen Kanten des Hosenbundes an die offenen Kanten der Shorts legen, sodass die Seitennähte aneinanderliegen. Den Bund feststecken und heften, dabei eine etwa 5 cm breite Öffnung stehenlassen, in die das Gummiband eingefädelt wird (Abb. 7).

11. Dazu die Sicherheitsnadel in das Gummiband einstechen und diese in die Öffnung schieben. Ziehen Sie das Gummiband so durch den gesamten Tunnel. Haben Sie das Gummi ganz durchgezogen, legen Sie die beiden Enden übereinander, sodass sie sich um 1,3 cm überlappen, und nähen Sie sie zusammen. Schließen Sie die Öffnung am Hosenbund und versäubern Sie auch die untere Bundnaht. Dabei darauf achten, dass Sie das Gummiband nicht mitannähen.

12. Die Unterkante der Hosenbeine einmal bei 6 mm, dann nochmals bei 2,5 cm umklappen und feststeppen (Abb. 8).

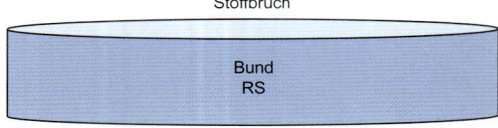

Abb. 5

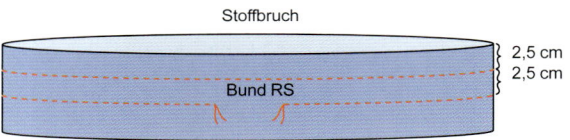

Abb. 6

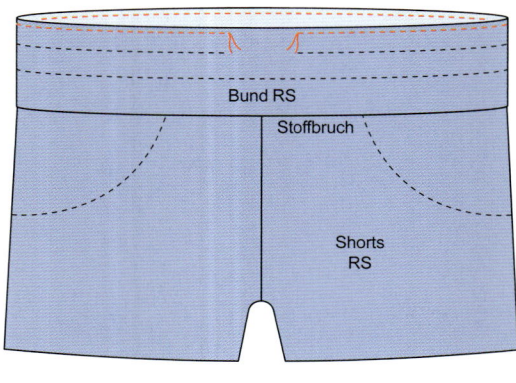

Abb. 7

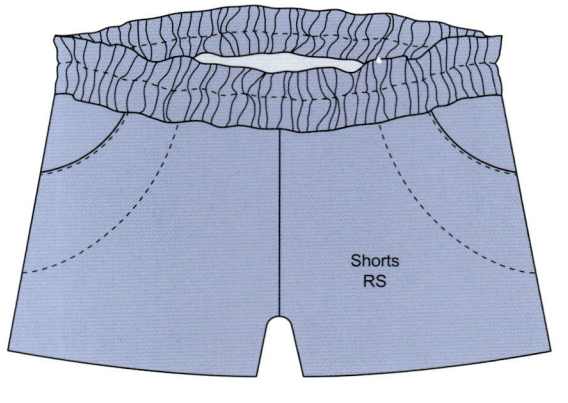

Abb. 8

Rock Date Night

Brauchen wir nicht alle ein Lieblings-Outfit für nette Ausgehabende? Da ist ein Kleidungsstück, das sich entweder elegant oder lässig stylen lässt, ideal. Je nach gewähltem Material und persönlichem Stil kann dieser Rock mit dem Shirt Larchmont (Seite 50) und High Hee s kombiniert das Glanzstück einer schicken Abendgarderobe sein. Der Rock hat einen maßgerecht auf der Taille sitzenden Bund und wird mit einem Reißverschluss geschlossen. Die Schnittmustergröße bestimmen Sie nach Ihrer Taillenweite.

STOFF

Art
Leichter bis mittelschwerer Webstoff wie Quilt-Baumwolle, Chambray, Rayon, Voile oder leichter Denim

Materialmenge
Stoffbreite 1,20 m:

XS-M, 160 cm

L-XXL, 180 cm

Stoffbreite 1,40 m:

XS-M, 160 cm

L-XXL, 180 cm

WEITERES ZUBEHÖR

1 farblich passender Reißverschluss (30,50 - 35,60 cm)

Bügelvlies, 51 x 30 cm

Schnittmuster Rock Date Night (2 Teile)

Nähanleitung

1. Das Bügelvlies nach Anleitung des Herstellers innen am Bund aufbügeln. Den Bund rechts auf rechts an die Oberkante des Rockes anlegen. Feststecken und zusammennähen (Abb. 1). Die Nahtzugabe nach oben zum Bund glattbügeln.

2. Bügeln Sie die Unterkante des Futters für den Bund 6 mm nach innen. Stecken Sie es rechts auf rechts mit der ungebügelten Kante an die obere Kante der Vorderseite des Bundes. Heften Sie entlang der Stecknadeln (Abb. 2) und bügeln Sie die Nahtzugabe zum Bund hin glatt.

3. Breiten Sie den Rock mit der Außenseite nach oben aus. Versäubern Sie die Kanten am Rückenteil mit Overlock- oder Zickzackstich.

4. Den Reißverschluss so an den Bund anlegen, dass die Zähne an der Naht zwischen Bund und Futter des Bundes beginnen. Das untere Ende an der unversäuberten Unterkante des Rocks ausrichten, dabei darauf achten, dass eine Nahtzugabe von 1,3 cm stehenbleibt. Feststecken und bis zum unteren Ende der Zähne anheften (Abb. 3). Auf der anderen Seite genauso verfahren.

5. Den Rock rechts auf rechts zusammenfalten und die rückwärtige Mittelnaht unterhalb des Reißverschlusses schließen. Genau dort ansetzen, wo Sie aufgehört haben, damit keine Lücke bleibt (Abb. 4).

6. Die Nahtzugabe auseinanderfalten und glattbügeln.

7. Das Futter des Bundes zur Innenseite umklappen und die obere Kante schön glattbügeln. Die umgeklappte Kante des Futters sollte genau unterhalb der unteren Bundnaht liegen. Den Bund feststecken und den Rock auf rechts drehen. Im Nahtschatten arbeiten und dabei die Rückseite des Bundes mit festnähen, dabei die Stecknadeln herausziehen.

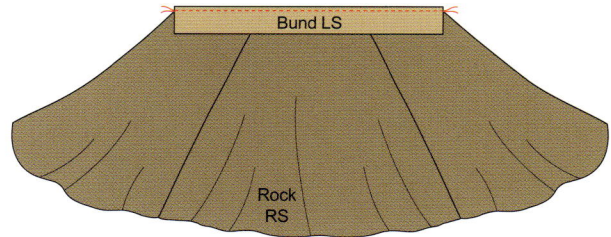

Abb. 1

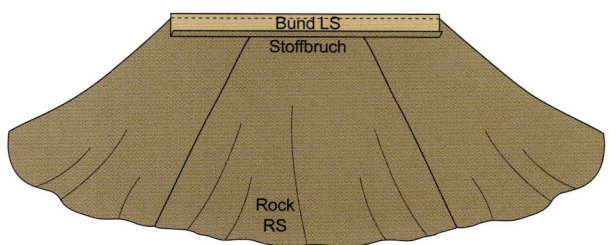

Abb. 2

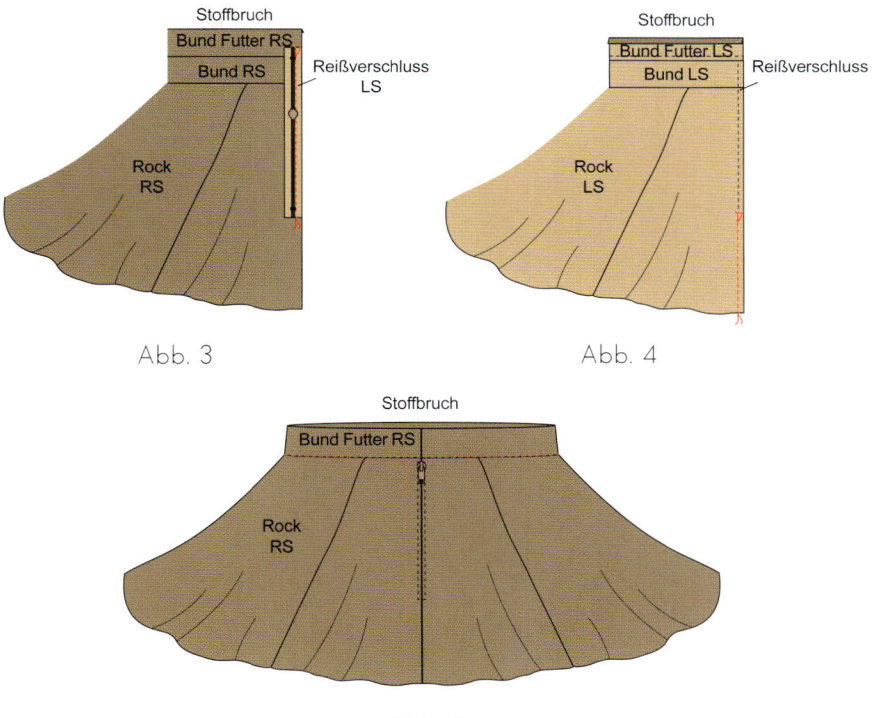

Abb. 3

Abb. 4

Abb. 5

Tanktop mit Knopfleiste

Dieses legere Top kann man zu jeder Tageszeit tragen. Es sitzt locker und kann vorne auf- und zugeknöpft werden. Man kann es lässig in den Bund der Shorts Strandpromenade (Seite 60) stecken oder locker über einer Jeans tragen. Auch zu den beiden Röcken, die ich Ihnen vorgestellt habe (Picknick, Seite 54, Date Night, Seite 67) macht es sich gut, wenn Sie gerne komplett selbst genähte Outfits tragen. Sie werden das gute Stück schon bald nicht mehr missen wollen. Die Schnittgröße bestimmen Sie nach Ihrem Brustumfang.

STOFF

Art
Leichter bis mittelschwerer Webstoff wie Quilt-Baumwolle, Chambray, leichter Denim, Rayon oder Voile

Materialmenge
Stoffbreite 1,20 m:
alle Größen, 160 cm
Stoffbreite 1,40 m:
alle Größen, 160 cm

WEITERES ZUBEHÖR

Bügelvlies, 51 x 30 cm

6 Knöpfe (1,3 cm)

Schnittmuster Tanktop mit Knopfleiste (5 Teile)

Nähanleitung

1. Das Rückenteil mit der rechten Seite nach oben ausbreiten. Die Falten nach oben zur Mitte glattbügeln und heften (Abb. 1 und 2).

2. Das Rückenteil zwischen die beiden Teile der Schulterpassen platzieren wie folgt: Passe mit der Außenseite nach oben, Rückenteil mit der Außenseite nach oben, Passe mit der Innenseite nach oben (Abb. 3).

3. An den geraden Kanten zusammenlegen, feststecken und heften (Abb. 4).

4. Beide Teile der Schulterpasse 6 mm oberhalb der Quernaht am Rückenteil glattbügeln und beiseitelegen.

5. Die Knopfleiste und das Bügelvlies zwischen den beiden gestrichelten Linien anlegen und das Vlies innen aufbügeln.

   Die Vorderteile mit der rechten Seite nach oben ausbreiten. An der rechten (von Ihnen aus gesehen linken) Hälfte die Knopfleiste rechts auf rechts an die Kante anlegen und 1 cm vom Rand anheften (Abb. 6).

6. Das Top auf links drehen und die Nahtzugabe in Richtung der Knopfleiste glattbügeln. Jetzt die andere unversäuberte Kante der Knopfleiste 1 cm von der Kante umbügeln (Abb. 7).

7. Die gebügelte Kante knapp über die Naht ziehen und glattbügeln. Das Vorderteil auf rechts wenden und in der Nahtzugabe im Nahtschatten nähen.

   Schritte 5 bis 7 beim zweiten Vorderteil wiederholen. Hier kein Bügelvlies verwenden (Abb. 8).

8. Das Rückenteil mit der rechten Seite nach oben und die beiden Vorderteile mit der rechten Seite nach unten ausbreiten, dabei die Außenkante der Schulterpasse an die Schulternaht anlegen. Das andere Stück

Abb. 1　　　　　Abb. 2

Abb. 3　　　　　Abb. 4　　　　　Abb. 5

Abb. 6　　　　　Abb. 7　　　　　Abb. 8

TANKTOP MIT KNOPFLEISTE

Schulterpasse bleibt lose. Bei 6 mm feststecken und zusammenheften (Abb. 9)

9. Rollen Sie die Rumpfteile wie einen Burrito. Das lose Innenteil der Schulterpasse wenden, sodass die Außenseite und der vordere Teil der Schulterpasse rechts auf rechts aneinander liegen (das Top ist zwischen den Teilen der Passe aufgerollt). An den Schultern unterhalb der Heftnaht, die Sie in Schritt 8 angefertigt haben, zusammennähen (Abb. 10).

10. Rumpfteile durch den Halsausschnitt herausziehen und die Nahtzugaben 6 mm vor der Schulternaht entlang der Schulterpasse steppen (Abb. 11).

11. Vorderteile und Rückenteil mit der Außenseite nach oben an den Seitenkanten aneinanderlegen. Feststecken und zusammenheften.

12. Nach der Anleitung Seite 31 ein schmales Schrägband für den Halsausschnitt und die Armausschnitte anfertigen. Die Seitenkanten am Halsausschnitt nach innen falten, sodass keine offenen Kanten zu sehen sind.

13. In die rechte (von Ihnen aus gesehen linke) Leiste mit dem Knopflochfuß Knopflöcher nähen.

14. Auf der linken (von Ihnen aus gesehen rechten) Seite die Knöpfe aufnähen.
    An der Unterkante den Doppelsaum bei 6 mm und 1,3 cm nach innen bügeln und steppen.

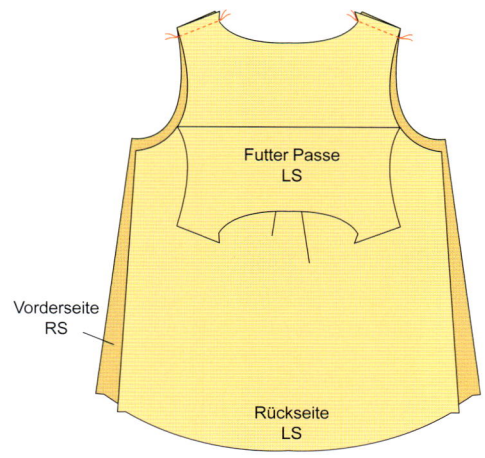

Abb. 9

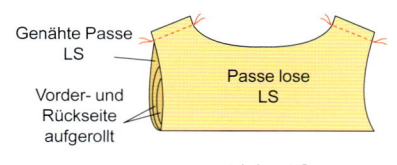

Abb. 10

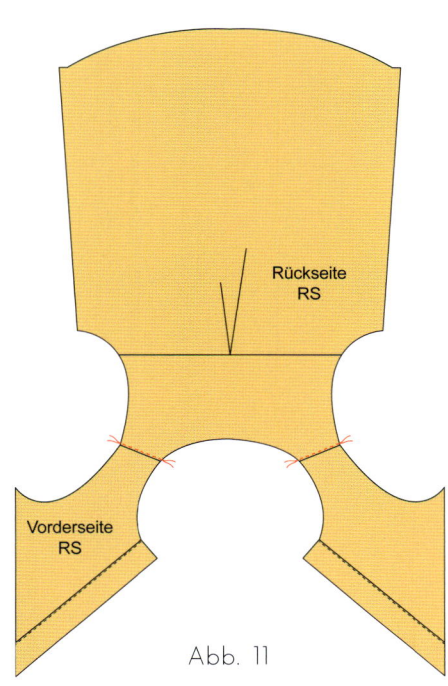

Abb. 11

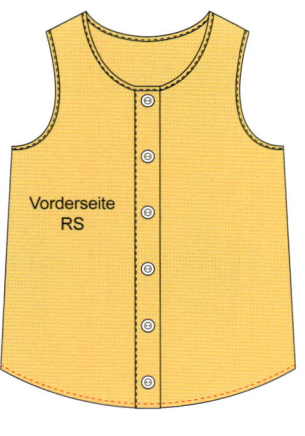

Abb. 12

TANKTOP MIT KNOPFLEISTE

Shorts Samstagmorgen

Am Samstagvormittag sollte man faulenzen, Kaffee trinken, lesen und noch mehr Kaffee trinken. Schneidern Sie nach diesem Schnitt die perfekten Shorts zum Rumlümmeln. Sie werden sie lieben. Die Shorts haben einen Gummibund und Zugbänder zum Zubinden, der Pompon-Saum ist ein hübsches Extra. Zusammen mit dem Kurzarmshirt Tilly (Seite 42) ist das Outfit perfekt. Die Schnittmustergröße bestimmen Sie nach Ihrer Hüftweite.

STOFF

Art
Leichter bis mittelschwerer Webstoff wie Quilt-Baumwolle, Voile oder eine doppelte Lage Gaze

Materialmenge
Stoffbreite 1,20 m:
alle Größen, 90 cm
Stoffbreite 1,40 m:
alle Größen, 90 cm

WEITERES ZUBEHÖR

Pompon-Band, 180 cm (optional)

1,3 cm breites Twillband, 180–270 cm (optional statt einem Zugband aus Stoff)

2 cm breites Gummiband

Sicherheitsnadel

Schnittmuster Shorts Samstagmorgen (2 Teile)

Nähanleitung

1. Ein Vorder- und ein Rückenteil der Shorts rechts auf rechts aneinanderlegen. Die Schrittnaht feststecken und heften. An der Rundung entlang kleine Einschnitte machen und den Saum auseinanderbügeln.

2. Die Außenkanten rechts auf rechts zusammenlegen, feststecken und heften (Abb. 1). Die Kanten auseinanderbügeln.

    Wiederholen Sie die Schritte 1 und 2 für das zweite Hosenbein.

3. Ein Bein auf rechts drehen und in das andere hineinstecken, sodass die rechten Seiten aufeinanderliegen und alle Kanten zusammenpassen. Feststecken und entlang der entstandenen U-Form nähen. Entlang der Rundungen die Säume einschneiden und die Kanten auseinanderbügeln (Abb. 2). Die Shorts auf rechts drehen und an den Markierungen Löcher für das Zugband nähen.

4. Die Shorts auf links drehen. Die obere Kante (die später der Bund wird) bei 6 mm einschlagen und nach links bügeln*, dann das gleiche nochmal bei 3,2 mm. 3 mm unterhalb der Oberkante und 3 mm oberhalb der Unterkante absteppen. An der Unterkante eine 5 mm große Öffnung lassen, in die das Gummiband eingezogen wird (Abb. 3).

    Dazu die Sicherheitsnadel in das Gummiband einstechen und diese in die Öffnung schieben. Ziehen Sie das Gummiband so durch den gesamten Tunnel. Haben Sie das Gummi ganz durchgezogen, legen Sie die beiden Enden übereinander, sodass sie sich um 1,3 cm überlappen, und nähen sie zusammen. Die Öffnung zunähen.

    *Optional: 6 mm ober- und unterhalb des Gummizuges zusätzliche Nähte arbeiten, um das Gummiband zu fixieren. In diesem Fall das Gummiband während des Nähens rundum gleichmäßig dehnen.

5. Die Shorts säumen, indem Sie die Unterkante zweimal bei 6 mm nach innen umschlagen, dann den Umschlag festnähen.

    Optional: Den Pompon-Saum an der Ober- oder Unterkante des Twillbändchens von rechts an die Shorts steppen.

6. Für das Zugband den 5 cm breiten Stoffstreifen längs falten und an beiden Kanten nach innen bügeln. Auseinanderfalten, beide Kanten zur Mitte falten, an beiden Kanten nach innen bügeln. Zur Mitte einschlagen und die lange Kante zusteppen (Abb. 4).

7. Die Sicherheitsnadel durch das Zugband stechen und dieses durch eines der Löcher einfädeln. Passend kürzen, sodass es noch lang genug ist, um eine Schleife zu binden. An beiden Enden Knoten machen (Abb. 5).

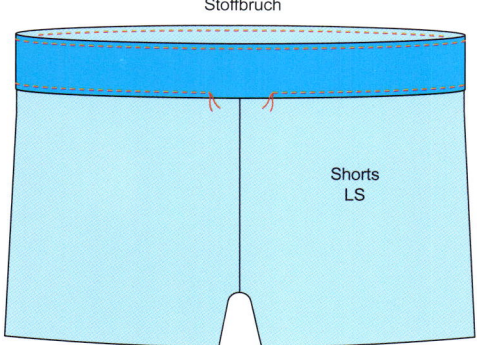

Abb. 3

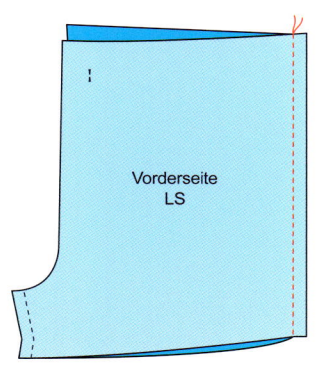

Abb. 1

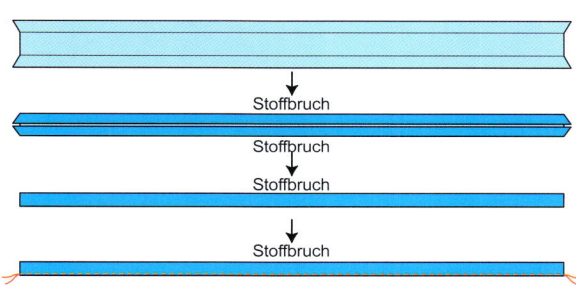

Abb. 4

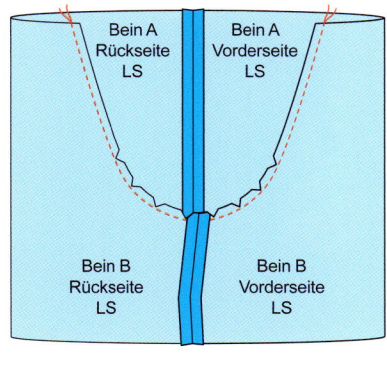

Abb. 2

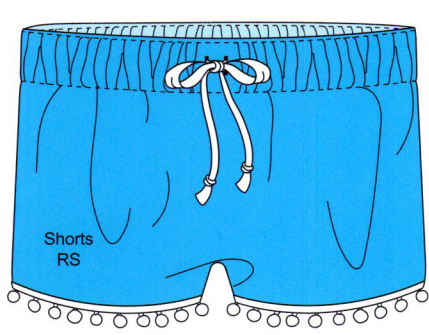

Abb. 5

Hängerkleid

Gibt es etwas Perfekteres, als ein einfaches Kleid, in dem Sie vom Brunch über die Besorgungsrunde bis zur Verabredung am Abend den ganzen Tag in Angriff können? Das bequeme Kleid hat einen Reißverschluss im Rücken, halblange Ärmel und einen Volant aus dem gleichen Material an der Unterkante. Die richtige Schnittgröße bestimmen Sie anhand von Brustumfang und Hüftweite.

STOFF

Art
Leichter Webstoff wie Chambray, Rayon oder Voile – alles, was weich und fließend fällt beziehungsweise schwingt

Materialmenge
Stoffbreite 1,20 m:
alle Größen, 270 cm
Stoffbreite 1,40 m:
alle Größen, 220 cm

WEITERES ZUBEHÖR

1 farblich passender Reißverschluss (35,5 cm)

Bügelvlies, 51 x 30 cm

Schnittmuster Hängerkleid (6 Teile)

Nähanleitung

1. Für die Abnäher am Vorderteil die Markierungen aneinanderlegen und von links eine gerade Naht nähen, die Sie zur Kante hin auslaufen lassen, ohne Rückstiche zu machen. Stattdessen das Fadenende verknoten, um die Stiche zu fixieren, und hängen lassen. Wenn beide Abnäher fertig sind, die Nahtzugaben der Abnähernähte zum Rand hin glatt bügeln (Abb. 1).

2. Das Vorderteil mit der Außenseite nach oben ausbreiten und die beiden Rückenteile auf links darauf legen, sodass die Schulterkanten zusammenpassen. Feststecken und steppen. Die Nähte versäubern (siehe Seite 39) und die Nahtzugaben zum Rücken hin glattbügeln.

3. Bereiten Sie das Einsetzen der Ärmel vor, indem Sie 3 und 6 mm vor der offenen Kante des Armausschnittes zwischen den beiden Markierungen zwei Reihen Heftstiche machen. Zwischen den Markierungen den Stoff raffen, dabei den Faden um die Stecknadelköpfe wickeln, um die Raffung zu fixieren. Das Kleid mit der rechten Seite nach oben flach ausbreiten. Einen Ärmel mit der linken Seite nach oben am Armausschnitt anlegen, sodass die drei Markierungen zusammenpassen. Die Raffung gleichmäßig zurechtzupfen. Feststecken und heften. Den Saum nach innen glattbügeln (Abb. 2).

4. Kleid und Ärmel rechts auf rechts aneinanderlegen und dabei prüfen, ob die Ärmelnähte zusammenpassen. Von der Unterkante der Ärmel bis zur Unterkante des Kleides feststecken und nähen. Die Naht versäubern und nach einer Seite bügeln. Schritte 3 und 4 beim zweiten Ärmel wiederholen. Danach die Mittelnähte der Rückenteile versäubern.

5. Das Kleid flach ausbreiten und den Reißverschluss darauflegen. Der obere Metallstopper des Reißverschlusses muss genau an der oberen Kante des Halsausschnittes liegen. Markieren Sie die Stelle, an der der untere Stopper des Reißverschlusses sitzt. Legen Sie die Rückenteile des Kleides rechts auf rechts zusammen. Nähen Sie von unten nach oben bis zu der Markierung und machen Sie Rückstiche. Ab hier sollten Sie bis zum Ausschnitt einen Heftstich benutzen, der später einfach aufzutrennen ist. Den Saum auseinanderziehen und glattbügeln (Abb. 3).

6. Den Reißverschluss mit der Außenseite nach unten auf die Innenseite des Kleides legen und darauf achten, dass er genau an der gehefteten Naht anliegt. Setzen Sie die Stichlänge an Ihrer Maschine wieder auf die reguläre Länge zurück und bauen Sie den Reißverschlussfuß ein. Heften Sie den Reißverschluss an die Nahtzugabe.

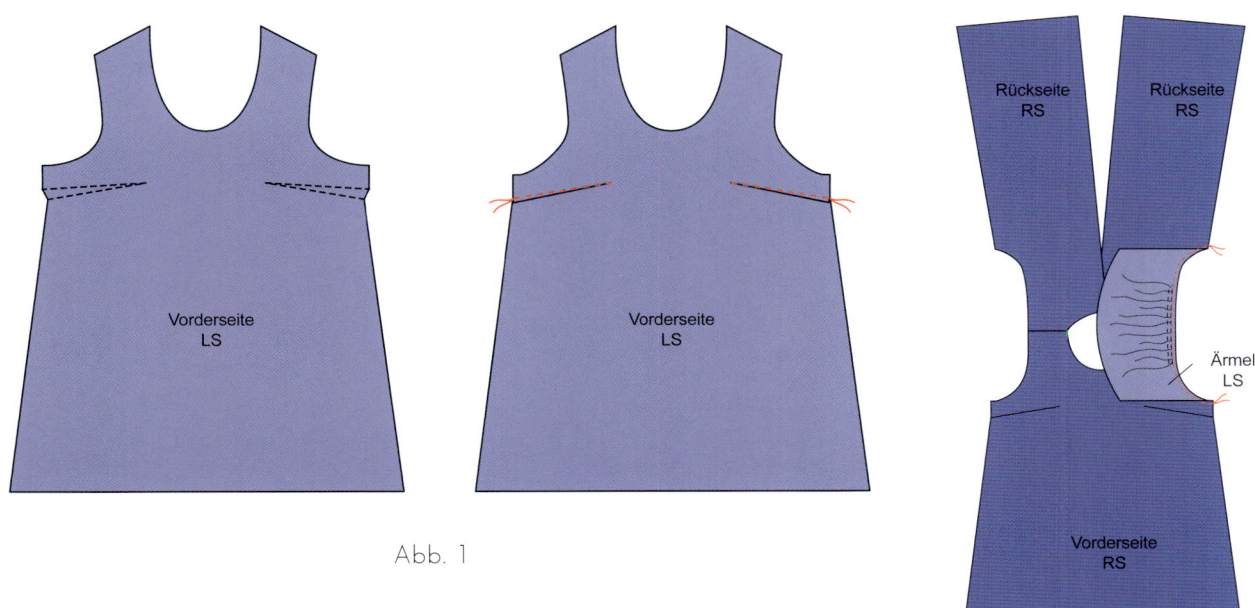

Abb. 1

Abb. 2

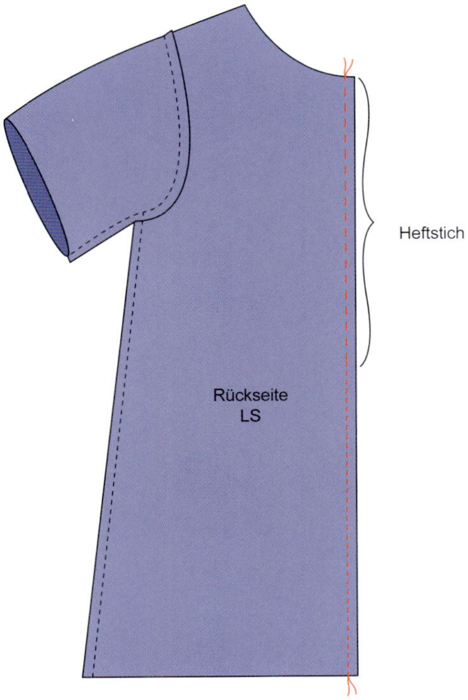

Abb. 3

Abb. 4

HÄNGERKLEID

Arbeiten Sie vorsichtig, damit Sie ihn nicht versehentlich an das Vorderteil annähen! Heften Sie um alle Zähne herum. Drehen Sie das Kleid um und entfernen Sie die Heftnaht (Abb. 4).

7. Das Bügelvlies an die Blende heften. Die Außenkante der Blende versäubern und diese rechts auf rechts um den Halsausschnitt legen. An der Mitte des Ausschnitts ausrichten. An den Seiten wird die Blende etwas überstehen. (Abb. 5).

8. Die Blende an den Ausschnitt nähen. Den Überstand nach innen falten, sodass er die offene Kante bedeckt, wenn Sie die Blende umdrehen. Machen Sie kleine Einschnitte entlang der Rundungen. Die Nahtzugabe zur Blende hin glattbügeln und bei 6 mm an diese annähen, damit die Blende nicht aufsteht. Die Blende auf links drehen und die Kanten glattbügeln. Optional die innere Kante an den Halsausschnitt annähen.

9. Die beiden Volant-Stücke rechts auf rechts aneinanderlegen. An den kurzen Enden zusammennähen, sodass ein großes Band entsteht. Die Säume auseinanderbügeln.

   Das Volant-Band so falten, dass die Innenseiten und die offenen Kanten aneinanderliegen. Zwei Reihen Heftstiche an der oberen Kante entlang nähen, eine bei 6 mm und die zweite bei 3 mm. An den Fäden ziehen und den Volant der Weite des unteren Saumes des Kleides entsprechend raffen, dabei die Fäden um die Stecknadelköpfe wickeln, um die Raffung zu fixieren.

   Die geraffte Kante an den unteren Saum des Kleides anlegen. An den Seitennähten ausrichten und die Raffung gleichmäßig zurechtzupfen. Den Volant feststecken und annähen (Abb. 6).

10. Einen Ärmelaufschlag so rechts auf rechts falten, dass die kurzen Seiten aneinanderliegen. Die Naht auseinanderfalten und glattbügeln. An einer Seite des Aufschlags den Saum bei 6 mm nach innen glattbügeln. Dann die andere Seite rechts auf rechts zum Armausschnitt hin aufeinanderlegen. Feststecken und annähen. Die Nahtzugabe zum Aufschlag hin glattbügeln (Abb. 7).

Abb. 5

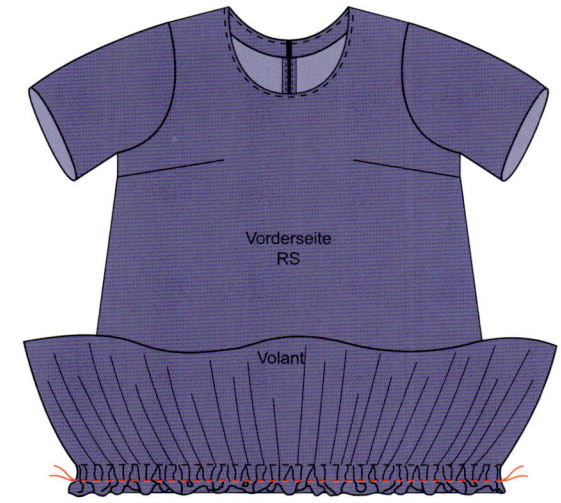

Abb. 6

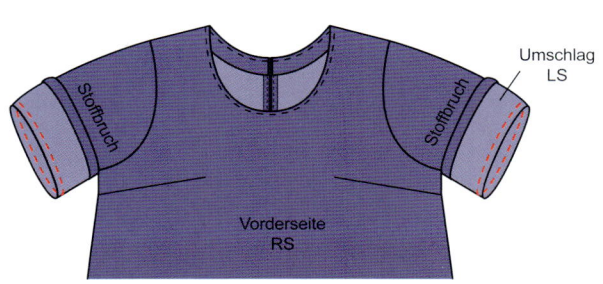

Abb. 7

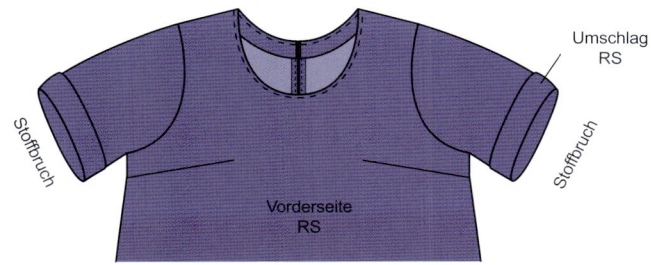

Abb. 8

HÄNGERKLEID | 85

Badetasche

Die Tasche bietet Platz für Handtücher, Flip-Flops, Badeanzug, Sonnenschutz und mehr. In der wasserabweisenden Außentasche lassen sich Handy, Schlüssel und Kleinigkeiten, die nicht nass werden dürfen, verstauen. Wählen Sie einen robusten Stoff und nähen Sie sich eine unverwüstliche Begleiterin für viele Badeausflüge.

STOFF

Art

Außenmaterial: schwerer Stoff wie Segeltuch, Denim, Canvas oder Twill

Futterstoff: leichter bis mittelschwerer Webstoff

Materialmenge

Stoffbreite: 120 cm

Außentasche, 110 cm

Futterstoff, 110 cm

Stoffbreite: 140 cm

Außentasche, 70 cm

Futterstoff, 80 cm

WEITERES ZUBEHÖR

Feste Schabrackeneinlage, 101,5 x 180 cm

Stabile einseitige Einlage, 51 x 50 cm

Robuster Netzstoff, 30 cm

1,5 mm starker, transparenter Vinylstoff, 30 cm

Trageriemen oder robustes Gurtband, 180 cm

6 mm breites Gummiband

1 Magnetschnappverschluss

1 Sicherheitsnadel

Stoffklammern

Reißverschlussfuß

Schnittmuster Badetasche (2 Teile)

Schnittanleitung

AUSSENMATERIAL
Vorder- und Rückseite,
zweimal 68,5 x 38 cm

Schnittmuster Teil A für den Taschenboden

FUTTERSTOFF
Vorder- und Rückseite,
zweimal 68,5 x 38 cm

Schnittmuster Teil A für den Taschenboden

Innentasche aus Netzstoff 7,5 x 84 cm

Außentasche aus Vinylstoff, zweimal
7,5 x 25,5 cm

FESTE SCHABRACKENEINLAGE
Vorder- und Rückseite,
viermal 68,5 x 38 cm

Zweimal Schnittmuster Teil A für den Taschenboden

NETZSTOFF
Für die Innentasche aus Netzstoff,
25,5 x 84 cm

VINYLSTOFF
1 Stück für die durchsichtige Außentasche,
25,5 x 20,5 cm

STABILE EINSEITIGE EINLAGE
Schnittmuster Teil B für den Taschenboden

GUMMIBAND
68,5 cm

TRAGERIEMEN
2 Trageriemen, 91,5 x 3,8 cm

oder Sie nähen sich eigene Schulterriemen aus passendem oder kontrastierendem Stoff (siehe unten).

Trageriemen selber nähen

1. Zwei Stoffstreifen zuschneiden, 10 x 91,5 cm
2. Einen Stoffstreifen längs in der Mitte links auf links falten und glattbügeln.
3. Auseinanderfalten, dann die offenen Kanten zur Mittelfalte einschlagen.
4. Nochmals in der Mitte falten, sodass die offenen Kanten in der Mitte eingefasst sind.
5. Jeweils bei 6 mm knapp an den Außenkanten entlangsteppen.

Mit dem zweiten Stoffstreifen genauso verfahren.

Nähanleitung

1. Die feste Schabrackeneinlage nach Anleitung des Herstellers an den Futter- und den Außenstoff applizieren.

2. Das 7,5 x 84 cm große Futterstoffstück links auf links mit den langen Seiten aneinanderlegen, in der Mitte falten und glattbügeln. Auseinanderfalten und die langen Kanten nach innen zur Mitte umschlagen. Nochmals in der Mitte falten und glattbügeln (Abb. 1).

3. Die Oberkante des Netzstoffes zwischen die Falte klemmen und 6 mm unterhalb der Kante feststeppen. Die Sicherheitsnadel in das Gummiband stechen und dieses durch den Tunnel fädeln. Die Enden an beiden Seiten festnähen (Abb. 2).

4. Den Netzstoff mit einer Heftnaht entlang der gesamten Länge raffen.

5. Den Netzstoff an der Mitte der Unterkante des Futterstoffs für die Front- oder Rückseite ausrichten. An beiden Seiten und an der Unterkante bei 1 cm festnähen. In der Mitte der Tasche aus Netzstoff eine senkrechte Naht machen, sodass zwei Innentaschen entstehen (Abb. 3).

6. Schritt 2 bei den beiden 7,5 x 25,5 cm großen Futterstoffstücken wiederholen.

7. Die Oberkante des Vinylstoffs zwischen die Falte klemmen und 6 mm unterhalb der Kante feststeppen. Mit dem Reißverschlussfuß die Oberkante des Reißverschlusses an der anderen Seite 6 mm unterhalb der Kante feststeppen. Die Oberkante des Vinylstoffes, die vom Außenstoff bedeckt ist, an die untere Seite des Reißverschlusses anlegen und knapp an den Zähnchen des Reißverschlusses entlang festnähen.

8. Den Reißverschluss zurechtschneiden, dabei darauf achten, dass der Reißer in der Mitte sitzt und Sie ihn nicht versehentlich mit abschneiden. Das Stück aus Vinylstoff an der unteren Mitte des Außenstoffes anlegen und mit Stoffklammern fixieren. Die Oberkante festnähen und die drei anderen Seiten 6 mm von der Kante anheften (Abb. 4).

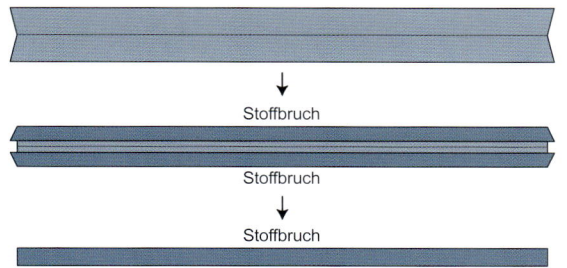

Abb. 1

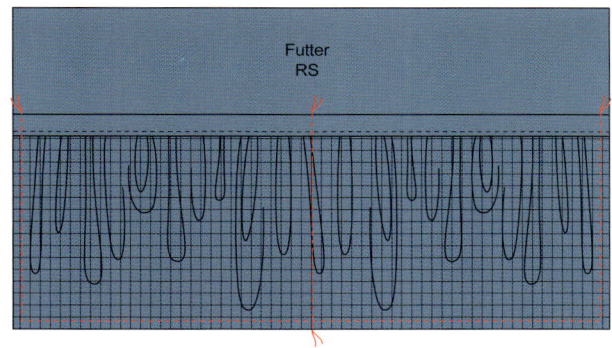

Abb. 3

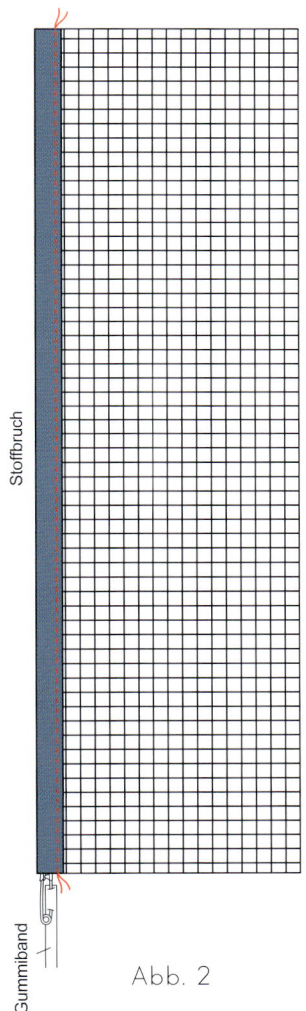

Abb. 2

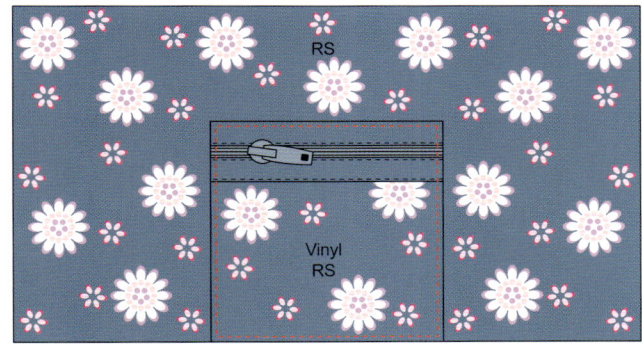

Abb. 4

9. Je 19 cm von den Seitenkanten der Tasche abmessen und je ein Ende der Trageriemen dort fixieren. Die unversäuberten Enden sollten am Taschenboden und der eingearbeiteten Tasche ausgerichtet sein. An der anderen Seite ebenso verfahren. Entlang der beiden langen Kanten bis auf 7,5 cm unterhalb der Oberkante des Außenstoffes festnähen. Beim anderen Schulterriemen genauso verfahren (Abb. 5).

10. Die beiden Futterstoffteile rechts auf rechts aufeinanderlegen. Die Seitenkanten bei 1,3 cm zunähen. Mit dem Außenstoff genauso verfahren.

11. Das Futter des Taschenbodens mit 1,3 cm Abstand zur Kante an das Futter des Hauptstückes ansetzen, wobei der Stoff rechts auf rechts liegt und die Seitennähte an der Mitte der unteren Kanten ausgerichtet werden (Abb. 6).

12. Nehmen Sie den Futterstoff zur Hand und ermitteln Sie die obere Mitte an beiden Seiten der Tasche. Messen Sie 3,8 cm nach unten ab und markieren Sie die Stelle für den Magnetverschluss. Bringen Sie diesen nach der Anleitung des Herstellers an.

13. Außen- und Futterstoff 1,3 cm unterhalb der oberen Kante nach innen glattbügeln. Die Frontseite der Tasche sollte mit der Außenseite nach oben zeigen, das Futter mit der Innenseite nach außen (Abb. 7).

14. Das Futter an die Innenseite des Außenstoffs anlegen und die Kanten ausrichten. Die Stoffstücke mit Stoffklammern fixieren. Am oberen Rand bei 1,3 cm und bei 6 mm einen Doppelsaum steppen (Abb. 8).

Abb. 5

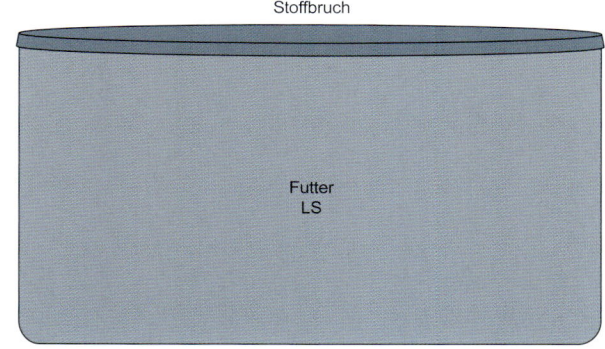

Abb. 7

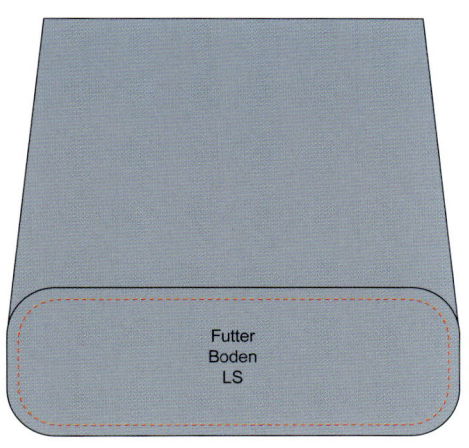

Abb. 6

Abb. 8

Umhängetasche Uptown

Eine Handtasche nur für Portemonnaie, Handy, Schlüssel und Lippenstift? Seit ich Mutter bin, sieht das bei mir ganz anders aus: Windeln, Feuchttücher, Spielzeug, Snacks und Fläschen … habe ich auch an die Wechselwäsche gedacht?! Die Umhängetasche Uptown ist für Gelegenheiten gedacht, wenn Sie nicht im Mama-Modus unterwegs sind. Sie ist klein (aber nicht zu klein) und man hat die Hände frei.

STOFF

Art
Außenmaterial: schwerer Stoff wie Segeltuch, Denim, Canvas oder Twill

Futter: leichter bis mittelschwerer Webstoff

Materialmenge
Außenmaterial, 50 cm

Futter, 50 cm

WEITERES ZUBEHÖR

Feste Schabrackeneinlage, 101,5 x 140 cm

1 verstellbarer Schulterriemen mit Karabiner/Wirbelhaken

1 Magnetschnappverschluss

2 D-Ringe (1,3 cm)

Stoffklammern

Schnittmuster Umhängetasche Uptown (1 Teil)

Schnittanleitung

AUSSENMATERIAL
Frontseite: 31 x 40,5 cm

Rückseite, oben: 6,5 x 40,5 cm

Rückseite unten: 26,5 x 40,5 cm

Zwei Stoffstreifen für die Schlaufen am D-Ring à 5 x 7,5 cm

Schnittmuster Umhängetasche Uptown

FUTTERSTOFF
Zwei Stoffstücke 31 x 40,5 cm

Schnittmuster Umhängetasche Uptown

FESTE SCHABRACKENEINLAGE
1 Stück à 30 x 40,5 cm

1 Stück à 6,5 x 40,5 cm

1 Stück à 26,5 x 40,5 cm

Zweimal Schnittmuster Umhängetasche Uptown

Nähanleitung

1. Das Bügelvlies nach Anleitung des Herstellers am Außenmaterial applizieren.

2. Den Magnetschnappverschluss nach der Anleitung des Herstellers an der markierten Stelle am Futterstoff anbringen.

3. Den Futterstoff für die Klappe mit der Außenseite nach oben und das Außenmaterial für die Klappe mit der Außenseite nach unten legen, sodass die vier Ecken zusammenpassen. Drei Kanten feststecken und annähen, sodass die Oberseite offen stehen bleibt und man die Tasche wenden kann.

4. Die Klappe rundum bis kurz vor der Naht einschneiden und nach außen drehen. Die Kanten sehr sorgfältig glattbügeln (Abb. 1).

5. Das untere Stück der Rückseite und die Klappe mit der Außenseite nach oben, das obere Stück des Taschenrückens mit der Innenseite nach oben so hinlegen, dass alle drei Teile an der oberen Kante aneinanderliegen. Den Rand feststecken und zusammennähen (Abb. 2).

6. Die Nahtzugabe zum Taschenboden glattbügeln und 6 mm von der Kante feststeppen.

7. Die zusammengesetzte Rückseite und die Vorderseite an den Seiten und der Unterkante aneinanderlegen. Feststecken und an diesen drei Seiten nähen.

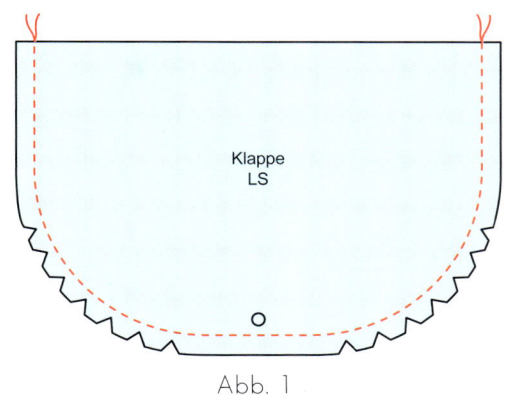

Abb. 1

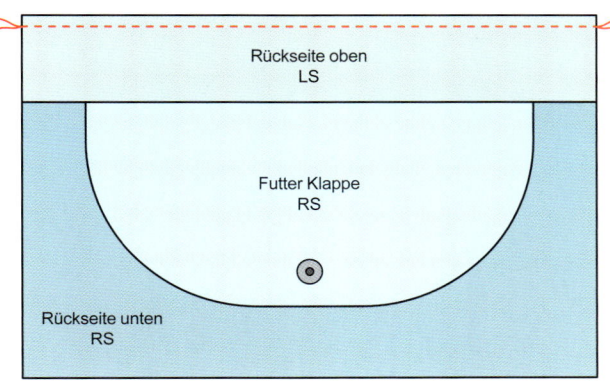

Abb. 2

8. Einen Zwickel machen, in dem Sie die Ecke der Tasche zusammendrücken und die Seitennaht an die untere Naht anlegen. 2,5 cm von der Ecke eine parallele, gerade Naht nähen. An der anderen Ecke genauso verfahren. Die Nahtzugaben bei 6 mm abschneiden (Abb. 3).

9. Die Futterstücke rechts auf rechts aneinanderlegen und Seiten und Boden zusammennähen. Schritt 8 wiederholen, um das Futter mit Zwickeln in der gleichen Größe zu versehen (Abb. 4).

10. Nach Anleitung des Herstellers den weiblichen Teil des Magnetschnappverschlusses am Außenmaterial an der markierten Stelle anbringen.

11. Die Schlaufen für die D-Ringe vorbereiten. Dazu die Stoffstreifen von beiden Seiten 1,3 cm nach links bügeln. Dann nochmal glattbügeln, sodass die offenen Kanten nach innen eingeschlagen sind. Feststeppen. Eine Schlaufe durch einen D-Ring ziehen und die Enden zusammenheften.

12. Futter und Außenmaterial der Tasche 1,3 cm unterhalb der Oberkante nach innen bügeln. Die Front sollte mit der rechten Seite nach außen zeigen, und Futter und Außenmaterial sollten links auf links liegen.

13. Das Futter in die Frontseite der Tasche stecken und die Seitennähte aneinanderlegen und mit Stoffklammern fixieren. An jeder Seite in die unversäuberten Kanten eine der Schlaufen für die D-Ringe einstecken. Die Oberkante der Tasche 6 mm unter dem Rand feststeppen. Dabei darauf achten, dass die Schlaufen der D-Ringe an beiden Seitennähten fixiert sind (Abb. 5).

14. Die Lederriemen an den D-Ringen befestigen (Abb. 6).

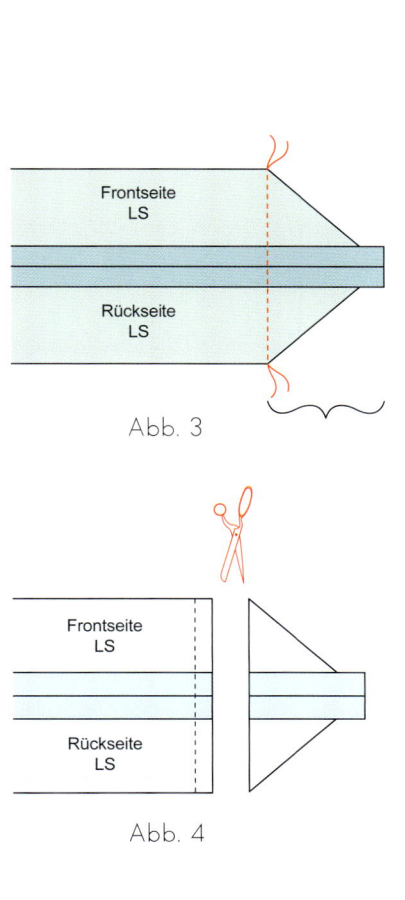

Abb. 3

Abb. 4

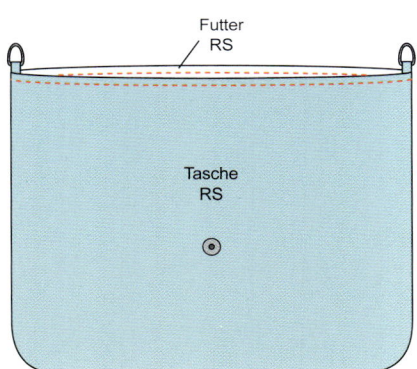

Abb. 5

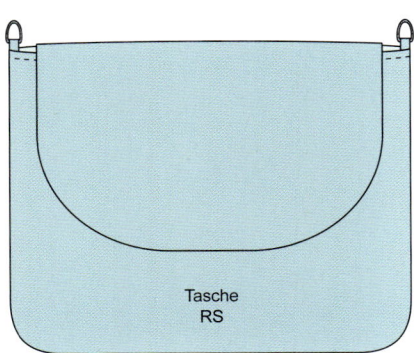

Abb. 6

Shopper/Rucksack

Diese unglaublich vielseitige Tasche lässt sich als Shopper, Handtasche oder Rucksack verwenden. Der große Innenraum wird mit einem verblendeten Reißverschluss verschlossen. An der Frontseite sitzt eine Außentasche mit Platz für Kleinigkeiten.

STOFF

Art

Außenmaterial: schwerer Stoff wie Segeltuch, Denim, Canvas oder Twill

Futterstoff: leichter bis mittelschwerer Webstoff

Materialmenge

Stoffbreite 1,20 m:

außen, 120 cm

Futter, 1 m

Stoffbreite 1,40 m:

außen, 1 m

Futter, 80 cm

WEITERES ZUBEHÖR

Feste Schabrackeneinlage, 101,5 x 140 cm

Stabile einseitige Einlage, 51 x 20 cm

1 verstellbarer Schulterriemen mit Wirbelhaken

1 Reißverschluss, 51 cm

1 Magnetschnappverschluss

5 D-Ringe

Sicherheitsnadel

Schnittmuster Shopper/Rucksack (1 Teil)

Schnittanleitung

AUSSENMATERIAL

2 Stück à 28 x 58,5 cm für den Taschenboden, Front- und Rückseite

2 Stück à 10 x 58,5 cm für den oberen Teil der Tasche, Front- und Rückseite

2 Stück à 44,5 x 7,5 cm für die Reißverschlussblende

2 Stück à 7,5 x 7,5 cm für die Reißverschlussverstärkungen

3 Stück à 5 x 7,5 cm für die Schlaufen an den D-Ringen

2 Stück à 6,5 x 30,5 cm für die Schlaufen an den unteren D-Ringen

1 Stück 18 x 40,5 cm für die Außentasche an der Frontseite

Schnittmuster Shopper/Rucksack

FUTTER

2 Stück à 28 x 58,5 cm für den Taschenboden, Front- und Rückseite

2 Stück à 10 x 58,5 cm für den oberen Teil der Tasche, Front- und Rückseite

1 Stück 18 x 40,5 für die Außentasche an der Frontseite

Schnittmuster Shopper/Rucksack

FESTE SCHABRACKENEINLAGE

2 Stück à 28 x 58,5 cm

2 Stück à 10 x 58,5 cm

2 Stück à 44,5 x 3,8 cm

Schnittmuster Shopper/Rucksack

STABILE EINSEITIGE EINLAGE

1 Stück 11,5 x 42 cm

Nähanleitung

1. Die feste Schabrackeneinlage an das Außenmaterial applizieren. Bei den beiden 44,5 x 7,5 cm großen Stücken die feste Schabrackeneinlage nur an eine lange Kante bügeln.

2. Die drei 5 x 7,5 cm großen Stücke und die beiden 6,5 x 30,5 cm großen Stücke Außenmaterial rechts auf rechts längs auf die Hälfte falten. Die langen Seiten mit 6 mm Nahtzugabe zusammennähen (Abb. 1). Glattbügeln. Beide Stücke mithilfe einer Sicherheitsnadel von innen nach außen stülpen. Glattbügeln und beiseitelegen.

3. Zwei Kanten der beiden 7,5 x 7,5 cm großen Stücke um 1,3 cm nach links zur Mitte umschlagen (Abb. 2), dann die anderen beiden Seiten ebenfalls 1,3 cm zur Mitte falten (Abb. 3). Beide Stücke jeweils links auf links zur Mitte in die Hälfte falten (Abb. 4). Beiseitelegen und später die Reißverschlussenden damit verstärken.

4. Die horizontale Mitte des 18 x 40,5 cm großen Stücks für die Außentasche ermitteln und 7,5 cm unterhalb der Oberkante markieren. Nach Anleitung des Herstellers den weiblichen Teil des Magnetschnappverschlusses anbringen.

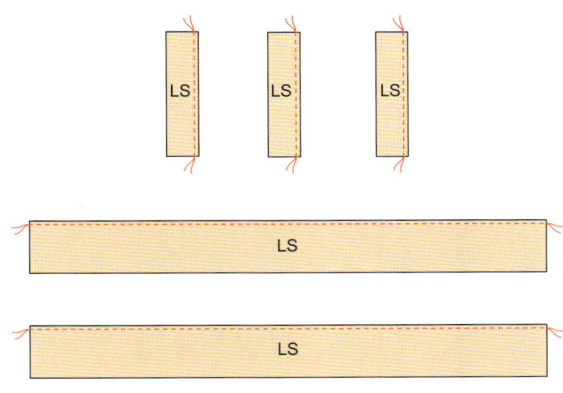

Abb. 1

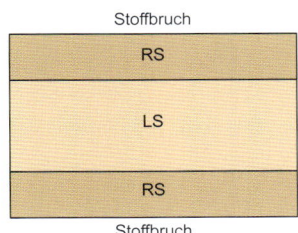

Abb. 2

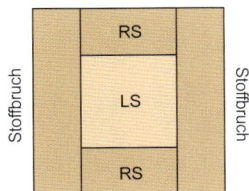

Abb. 3

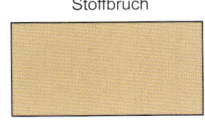

Abb. 4

5. Beide 18 x 40,5 cm großen Taschenstücke rechts auf rechts aneinanderlegen und zusammennähen, wobei ein 5 cm langes Stück offen bleibt, damit man sie später wenden kann. Auf rechts drehen und die Nahtzugabe an der nicht umgenähten Stelle nach innen falten. Glattbügeln und am oberen Rand entlang feststeppen.

6. Mithilfe des Schnittmusters an der Lasche die Markierung einzeichnen, wo der Magnetschnappverschluss auf dem Futter sitzen muss. Den männlichen Teil des Schnappverschlusses nach Anleitung des Herstellers an der markierten Stelle anbringen.

7. Die beiden Teile der Lasche rechts auf rechts aneinanderlegen und an drei Kanten zusammennähen – oben bleibt sie offen. An den runden Säumen entlang kleine Einschnitte machen, dann auf rechts wenden und glattbügeln.

8. Das große Stück der Rückseite (28 x 58,5 cm) mit der Außenseite nach oben ausbreiten. Die beiden Stoffstreifen aus Schritt 2 (jetzt messen sie 2,5 x 30,5 cm) in die Hälfte falten und auf einen D-Ring fädeln. Die beiden offenen Enden an die offene Kante unten am großen Stück anlegen, so dass sie je 11,5 cm vom Rand platziert sind. 2,5 cm unterhalb der Falzkante der Schlaufe quer über den Stoffstreifen und an der anderen Seite wieder hinunter nähen (Abb.5).

9. Eines der 5 x 7,5 cm großen Teile aus Schritt 2, das jetzt 2 x 7,5 cm misst, in die Hälfte falten, einen D-Ring darauf ziehen und die unversäuberten Enden der Schlaufe oben an die Mitte des Taschenrückens heften.

10. Die beiden großen Rückenstücke (10 x 58,5 cm) rechts auf rechts aneinanderlegen. An der Oberkante festnähen. Die Naht nach oben glattbügeln und feststeppen (Abb. 6). Beiseitelegen.

11. Die Teile für die Außentasche 10 cm oberhalb der Unterkante in der Mitte des großen Frontstücks (28 x 58,50 cm) platzieren. Die Tasche mit einer Kantennaht an den Seiten und unten festnähen.

12. Die Lasche der Außentasche mit der Außenseite nach vorne mittig auf das große Vorderteil (28 x 58,50 cm) legen (Abb. 7). Das 10 x 58,50 cm große Frontstück rechts auf rechts auf die Lasche der Extratasche legen (Abb. 8). Feststecken und entlang der Oberkante annähen. Den Saum nach oben glattbügeln und feststeppen. Beiseitelegen.

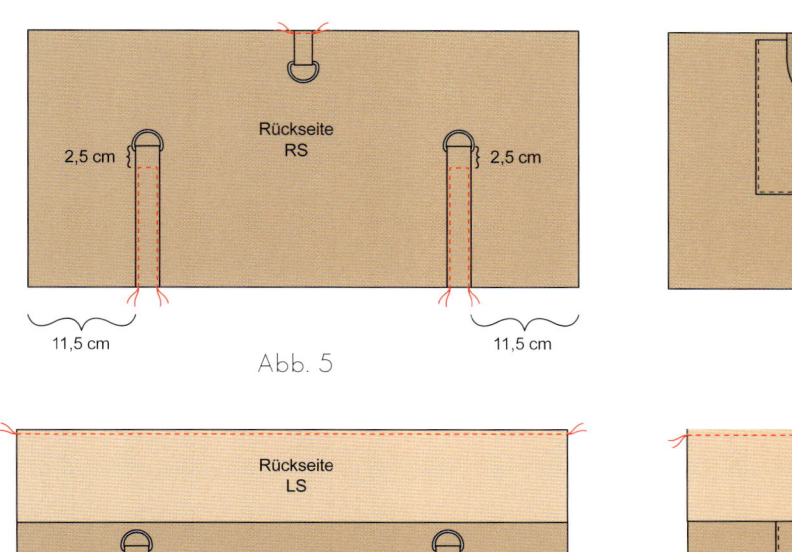

Abb. 5

Abb. 6

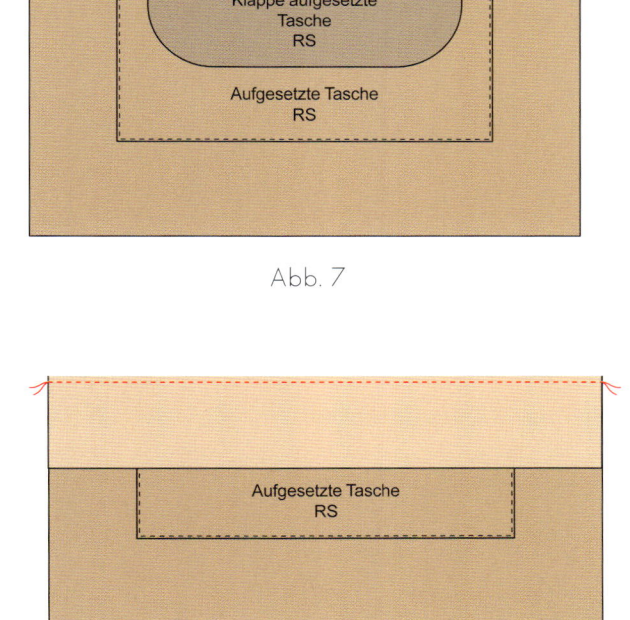

Abb. 7

Abb. 8

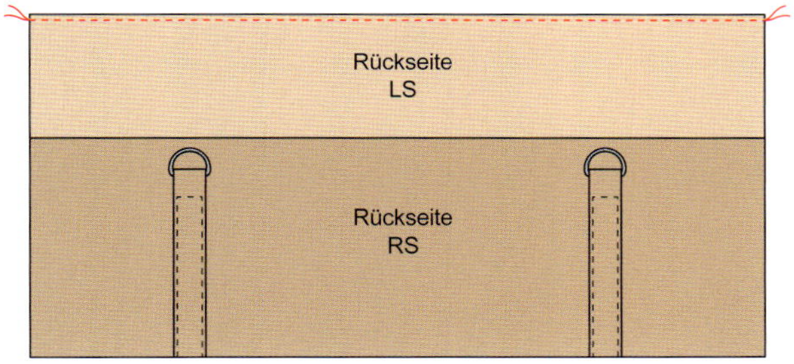

SHOPPER/RUCKSACK

13. Die beiden Streifen (44,5 x 7,5 cm) zur Hand nehmen, die kurzen Enden 6 mm nach innen falten und glattbügeln. Die beiden langen Kanten ebenfalls 6 mm nach innen zur Mitte falten und glattbügeln (Abb. 9). Dann nochmals links auf links mittig falten, sodass die kurzen Seiten aneinanderstoßen (Abb. 10). Den Reißverschluss an den gefalteten Rändern ausrichten, feststecken und mit dem Reißverschlussfuß annähen. Die beiden Teile aus Schritt 3 zur Hand nehmen und sie über den beiden Enden des Reißverschlusses platzieren. An den eingefassten Enden festnähen (Abb. 11).

14. Den Reißverschluss mit der rechten Seite nach oben mittig auf eines der 28 x 58,50 cm großen Futterstücke legen (Abb. 12). Das 10 x 58,50 cm große Futterstück rechts nach unten auf den Reißverschluss und das Futter der Frontseite legen, sodass die offenen Kanten aneinanderliegen. Feststecken und annähen. An der anderen Seite des Reißverschlusses mit den beiden Futterstücken genauso verfahren. Jetzt ist das Futter für die Taschenfront und die Rückseite fertig (Abb. 13). Beiseitelegen.

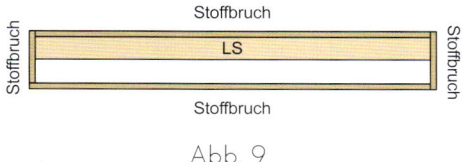

Abb. 9

Abb. 10

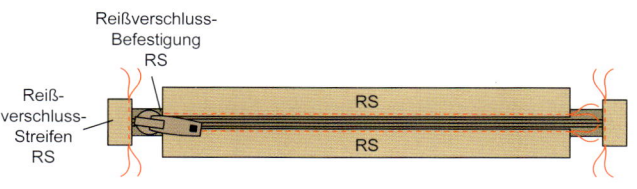

Abb. 11

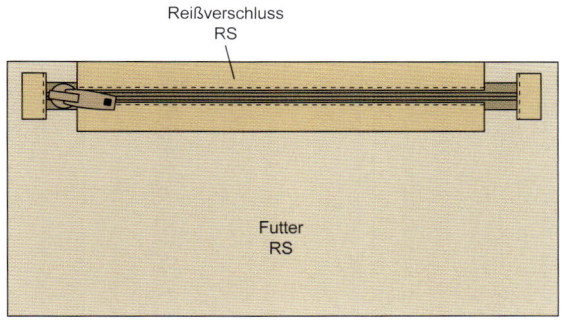

Abb. 12

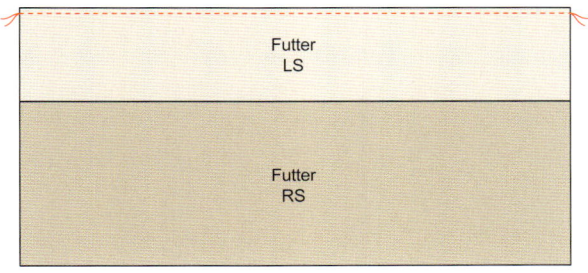

Abb. 13

15. Die beiden großen Stücke für Front- und Rückseite rechts auf rechts aneinanderlegen. Alle Nähte außer der oberen schließen. Mit den Futterstücken genauso verfahren.

16. Zwickel in die Ecken machen, indem Sie diese zusammenfalten und die Seitennaht und die Naht des Taschenbodens aneinanderlegen. 5 cm vor der Ecke eine gerade parallele Naht nähen. Bei allen vier Ecken genauso verfahren (Front und Futter). Die Nahtzugaben auf 6 mm zurechtschneiden (Abb. 14 und 15).

17. An der Oberkante Futter und Front 1,3 cm nach innen falten und glattbügeln. Die Front sollte mit der rechten Seite nach außen, das Futter mit der linken Seite nach außen zeigen (Abb. 16).

18. Die restlichen Stoffstücke aus Schritt 2 durch die D-Ringe ziehen und die Enden zusammenheften.

19. Die stabile einseitige Einlage in die Taschenfront einlegen und an der Unterkante ausrichten. Das Futter in die Front legen, wobei die Einlage zwischen Front und Futter liegt. Mit Stoffklammern fixieren. Je eine Schlaufe mit D-Ring ca. 1,3 cm tief in die Seitennähte schieben. 6 mm unterhalb der Oberkante eine Steppnaht machen und dabei die beiden Schlaufen der D-Ringe mit annähen (Abb. 17).

20. Wenn Sie die Tasche umhängen wollen, befestigen Sie die Trageriemen an den beiden seitlich angebrachten D-Ringen. Wenn Sie sie als Rucksack tragen möchten, befestigen Sie die Riemen an den beiden D-Ringen an der Unterkante (Abb. 18).

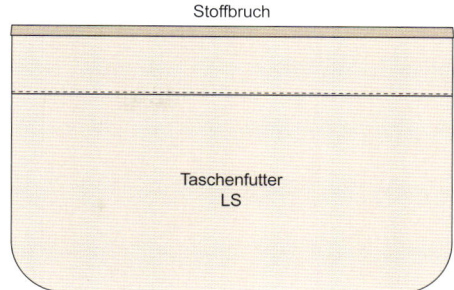

Abb. 16

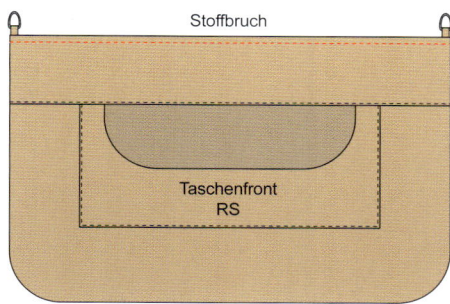

Abb. 17

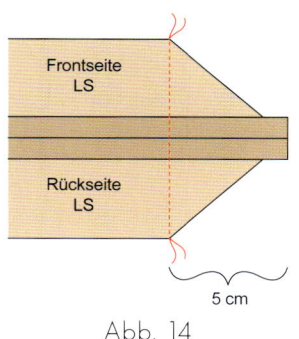

Abb. 14

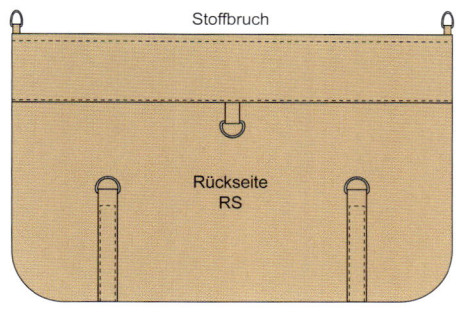

Abb. 18

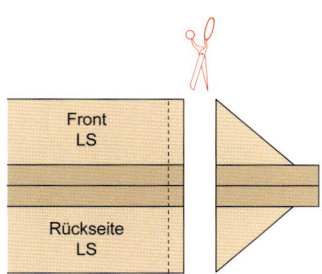

Abb. 15

SHOPPER/RUCKSACK

Bindegürtel

Dieser Gürtel ist das perfekte Accessoire zu Hängerkleidern oder Shorts (siehe Modell Strandpromenade, Seite 60). Er besteht aus zwei langen aneinandergenähten Stoffstreifen, die zur Schleife gebunden oder lässig geknotet werden.

STOFF

Art
Webstoff wie Baumwolle, Chambray oder Tencel

Materialmenge
Stoffbreite 1,20 m oder 1,40 m: 70 cm

WEITERES ZUBEHÖR
Schnittmuster Bindegürtel (1 Teil)

Schnittanleitung

AUSSENMATERIAL
Schnittmuster Bindegürtel (2 Teile)

Nähanleitung

1. Die beiden Zuschnitte an den geraden kurzen Enden rechts auf rechts mit 1,3 cm Nahtzugabe zusammennähen. Den Saum auseinanderbügeln.

2. Den Stoff rechts auf rechts längs auf die Hälfte falten, sodass die Streifen längs aneinanderliegen (Abb. 1 und 2).

3. Die drei offenen Nähte schließen. In der Mitte der langen Kante eine 5 cm breite Öffnung lassen, durch die Sie später den Streifen umdrehen. Schneiden Sie die Spitzen an den Enden bis 3 mm vor der Naht ab (Abb. 3).

4. Den Gürtel nach außen wenden und alle Kanten glattbügeln. Die Öffnung mit einer Steppnaht schließen und diese um den gesamten Gürtel weiterführen.

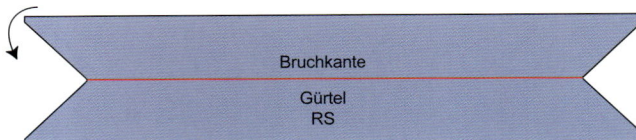

Abb. 1

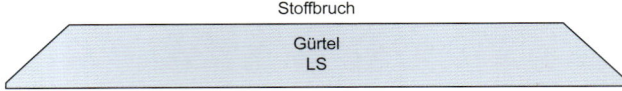

Abb. 2

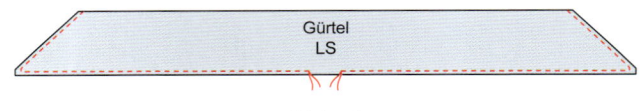

Abb. 3

Haarband mit Turbanknoten

Bändigen Sie Ihr Haar mit einem stylishen Haarband. Wenn Sie es aus dehnbarem Jersey nähen, lässt es sich bequem über den Kopf ziehen und in die Haare schieben.

STOFF

Art
Leichtes bis mittelschweres dehnbares Material wie Jersey, eine Baumwolle-Lycramischung oder eine Rayon-Lycramischung

Materialmenge
30 cm

SCHNITTANLEITUNG
Zwei Stoffstreifen à 15 x 71 cm

Nähanleitung

1. Die Stoffstreifen zum Kreuz legen, den vertikalen Streifen mit der rechten Seite nach oben, den horizontalen mit der linken Seite nach oben (Abb. 1).

2. Den horizontalen Streifen links auf links in die Hälfte falten, sodass der senkrecht liegende Streifen eingefasst ist (Abb. 2).

3. Schritt 2 mit dem anderen Stoffstreifen wiederholen (Abb. 3).

4. Die kurzen offenen Seiten gleichmäßig zurechtzupfen, dann alle 4 Stoffkanten aneinanderlegen und zusammennähen. Den Turban so wenden, dass sich die Nähte innen befinden (Abb. 4).

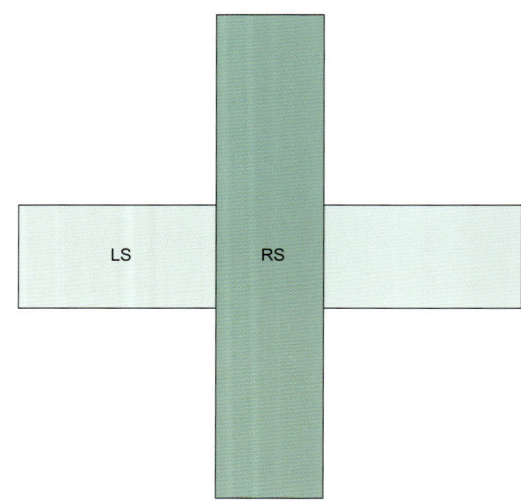

Abb. 1

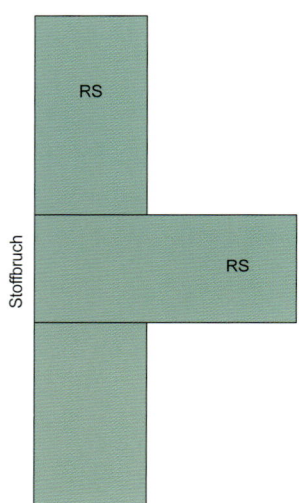

Abb. 2

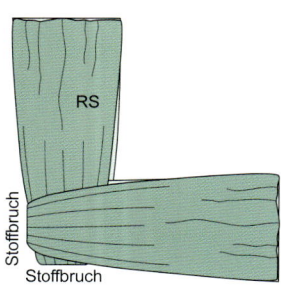

Abb. 3

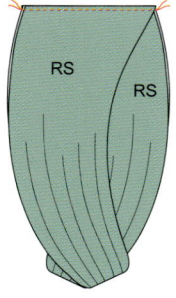

Abb. 4

Flip-Flops mit Riemchen

Machen Sie aus einem langweiligen Paar Flip-Flops ein Unikat. Ich wette, Sie haben genau den richtigen Stoffrest in der Schublade!

STOFF

Art
Leichtes bis mittelschweres Stretchgewebe wie Jersey, Baumwolle-Lycramischung oder Rayon-Lycramischung

Materialmenge
50 cm

WEITERES ZUBEHÖR
1 Paar Flip-Flops

Heißkleber

Multifunktionsschere (keine Stoffschere)

1 Essstäbchen (oder etwas Ähnliches, mit stumpfer Spitze)

1 große Sicherheitsnadel

SCHNITTANLEITUNG

Dieser Anleitung liegt Schuhgröße 39 zugrunde. Passen Sie die Maße gegebenenfalls an Ihre Größe an.

Zwei 5 x 10 cm große Stücke für die Zehentrenner

Zwei 20,5 x 15 cm große Stücke für die Bänder am Spann

Zwei 35,5 x 15 cm Stücke für die Riemchen

Nähanleitung

Entfernen Sie die Zehentrenner der Flip-Flops.

1. Die kleinen Stoffstreifen (5 x 10 cm) zuschneiden und rechts auf rechts längs auf die Hälfte falten. Bei 6 mm an der langen Kante entlang eine Naht machen. An einem Ende des Streifens eine große Sicherheitsnadel befestigen. Durch den Schlauch schieben, um den Stoff zu wenden. Glattbügeln. Die kurzen, offenen Enden von oben durch das Loch zwischen den Zehen in der Flip-Flop-Sohle fädeln. Mit einem Essstäbchen nachhelfen. Es sollte eine Schlaufe von 1,3 cm Länge oben herausschauen. Großzügig Heißkleber in das Loch geben und die Enden festdrücken, bis diese richtig gut angeklebt sind.

    Den Vorgang beim anderen Flip-Flop wiederholen.

2. Einen der 35,5 x 15 cm langen Streifen durch die Schlaufe ziehen. Die kurzen Enden rechts auf rechts aneinanderlegen, und bei 6 mm festnähen. Den Stoff auf die Außenseite drehen. Beim anderen Flip-Flop genauso verfahren. (Hinweis: Die langen Kanten bleiben unversäubert, da Sie einen Strickstoff verarbeiten, der nicht ausfranst.)

3. Eines der 20,5 x 15 cm großen Stücke mit der 15 cm breiten Seite in das linke Loch in der Sohle einfädeln. Den aus Schritt 1 bekannten Klebevorgang wiederholen. Das andere Ende in das rechte Loch einfädeln und verkleben. (Hinweis: Die 20,5 cm lange Kante bleibt unversäubert.)

4. Die Riemchen unter den Bändern am Spann durchführen, fertig!

Glossar

Einlage – Wird eingenäht, um das Gewebe zu stabilisieren. Bund oder Knopflochleisten werden mit leichteren Einlagen verstärkt. Mit schwereren Einlagen verstärkt man Taschen, um ihnen Stand zu geben oder das Stück widerstandsfähiger zu machen.

Fadenlauf – In Geweben laufen die Kettfäden parallel zur Webkante, die Schussfäden rechtwinklig dazu. Mit dem Begriff „Fadenlauf" wird die Richtung der Kettfäden bezeichnet. Wenn nicht anders angegeben, werden Nähstoffe in Richtung Fadenlauf zugeschnitten. Stoffstreifen für Schrägbänder werden diagonal zum Fadenlauf geschnitten, dadurch sind sie besonders elastisch.

Heftstich – Ein langer Stich, der dazu dient, Teile zusammenzuhalten, bevor sie endgültig festgenäht werden, oder um Stoff zu raffen, beispielsweise für Rüschen.

Knappkantig absteppen – So nah wie möglich an der unversäuberten Kante oder dem gefalteten Saum entlang steppen.

Linke Stoffseite – Die unbedruckte Seite des Stoffs. Zur Unterscheidung der Stoffseiten siehe „rechte Stoffseite".

Links auf links – Zwei Stoffteile liegen links auf links, wenn die unbedruckten Stoffseiten aufeinander liegen, das heißt innen. Die rechten Stoffseiten zeigen nach außen.

Nähen im Nahtschatten – Nähte, die genau auf einer vorhandenen Naht angebracht werden, sind fast unsichtbar. Wenn Sie im Nahtschatten arbeiten, verschwindet Ihre Naht im „Schatten" der bestehenden Naht. Mit dieser Technik lässt sich zum Beispiel am Taillenbund eines Rocks von innen eine Einlage einnähen.

Nahtzugabe – Das Stück zwischen der Naht und der unversäuberten Kante des Stoffs. Bei den Schnittmustern in diesem Buch beträgt die Nahtzugabe – wenn nicht anders angegeben – immer 1,3 cm.

Overlock-Stich – Stich zum Versäubern von Kanten, damit der Stoff nicht ausfranst. Es gibt spezielle Overlock-Nähmaschinen, aber auch Standardnähmaschinen beherrschen diesen Stich.

Rechte Stoffseite – Bei bedruckten Stoffen ist die rechte die bedruckte, die „schönere" Seite. Bei durchgefärbten Stoffen oder solchen, bei denen das Muster durchs Weben entsteht, ist die Unterscheidung nicht so einfach. Es gibt sogar welche, die streng genommen gar keine rechte und linke Seite haben. In diesem Fall kann man den Stoff ans Licht halten und prüfen, welche Seite besser aussieht, die höhere Farbsättigung hat etc.

Rechts auf rechts – Fast immer werden Stoffteile rechts auf rechts zusammengenäht, das heißt die rechten Stoffseiten liegen aufeinander, also innen. Die linken Stoffseiten zeigen nach außen.

Rückstich – Mit dem Rückstich wird eine Naht sauber abgeschlossen. Dazu werden am Anfang und am Ende zwei oder drei Stiche hin- und zurückgenäht, die die Naht fixieren und verhindern, dass sie sich auftrennt.

Steppstich – Mit Steppnähten wird Nahtzugaben an Ausschnitten oder Abschlüssen mehr Stabilität verliehen. Diese Nähte sind von außen zu sehen, wählen Sie also ein Nähgarn, das zum Stoff passt.

Webkante – Die Kante am Stoff, auf der sich die Hersteller- oder Designerinformationen und die Farbtabelle befinden.

Die Stoffe in diesem Buch

BADETASCHE
Baumwoll-Canvas, Sketchbook
von Art Gallery Fabrics

FLIP-FLOPS MIT RIEMCHEN
Jersey, Chalk and Paint von Art Gallery

HAARBAND MIT TURBANKNOTEN
Art Gallery Knit Solid

HÄNGERKLEID
Ikat Rayon Challis

KURZARMSHIRT TILLY
Jersey, Lavis von Art Gallery Fabrics

LOCKERES STRANDKLEID
Jersey/Strick, Happy Home Fabrics
von Art Gallery Fabrics

ROCK DATE NIGHT
(Geblümter Rock) Baumwolle, Chalk and Paint von Art Gallery Fabrics

(Rosa Top) Kurzarmshirt Tilly,
Art Gallery Knit, Farbton Crystal Pink

Sequin-Netzstrick, Futter aus Baumwolle

ROCK PICKNICK
(Grüner Rock) Baumwoll-Voile, Wanderer
von Art Gallery Fabrics

(Graues Top) Kurzarmshirt Tilly,
Rayon-Spandex-Mischung

SHIRT LARCHMONT
Baumwoll-Voile, Fantasia
von Art Gallery Fabrics

SHORTS STRANDPROMENADE
(Blaue Shorts) Tencel

(Gürtel) Bindegürtel, Tencel

(Geblümtes Top) Kurzarmshirt Tilly,
Strick, Paperie von Art Gallery Fabrics

(Tasche) Umhängetasche Uptown,
Frosted Sage Denim
von Art Gallery Fabrics

SHORTS SAMSTAGMORGEN
Baumwolle, Dare von Art Gallery Fabrics

SHOPPER/RUCKSACK
Leinen-Baumwollgemisch,
Art Gallery Fabrics

TANKTOP MIT KNOPFLEISTE
(Gelbes Top) honigfarbene Baumwolle,
Art Gallery Pure Element

(Geblümte Shorts) Shorts Strandpromenade, Baumwolle, Millie Fleur
von Art Gallery Fabrics

UMHÄNGETASCHE UPTOWN
Gewebter Chambray, Robert Kaufman

Register

Abnäher 82-83
Armausschnitte versäubern siehe
    Halsausschnitte versäubern
Ärmelaufschläge 84

Baumwolle 13
Bindegürtel 110-113
Blenden 58-59, 72
Bügelbrett 11
Bügeleisen 11

Canvas 13
Chambray 13

D-Ringe 98, 103-105

Elastik-Zickzackstich 21
Ersatzspulen 9

Fadenschere 9
Flip-Flops 118-121
Flügelärmel 50-53
Französische Naht 39

Geradstich 21

Halsausschnitte versäubern 30-37
    Bündchenlänge berechnen 37

Jeansnadeln 19

Knopfleiste 58-59, 72-74
Knopföse aus Gummiband 52

Leinen 13

Magnet-Nadelkissen 9
Magnetschnappverschluss 92,
    97-98, 103-104

Markierhilfen 11
Maß nehmen 27
Maßband 11

Nähgarn 9
    Farbe 9
Nähgewichte 11
Nähmaschinennadeln 18-19
Nahttrenner 9
Nahtzugaben 38-39
Nahtzugaben versäubern 38-39
    Französische Naht 39
    Overlock-Nähmaschine 39
    Overlockstich 21
    Zickzackstich 21
Nähutensilien 8-11, 18-19

Overlock-Nähmaschine 21, 39
Overlockstich 21

Polyester 15
Pompon-Saum 78-79

Rayon 13
Reißverschluss 68, 82, 90, 103, 107
Rollschneider 11

Schabrackeneinlage 90, 103
Schneidematte 11
Schneiderschere 9
Schnittmuster 22-27
    Layoutübersicht 23-24
    PDF ausdrucken 23
    PDF herunterladen 23
Schnittgröße anpassen 26-27
Schrägband 31-35, 48, 52, 74-75
Schrägbandformer 11

Seide 15
Stecknadeln 9
Steppnadeln 19
Steppstich 21
Stiche 20-21
Stiche, dekorative 21
Stoffe 12-17
    Elastizität prüfen 17
    in diesem Buch 124
    Pflegehinweise 15
    Stretchanteil 17
Stoffreste nutzen 32
Stretchnadeln 19
Strick 13

Taschen
    Badetasche 86-93
    Shopper/Rucksack 100-107
    Umhängetasche 94-99
Tencel 13
Trageriemen 92, 19
    selber nähen 88
Twill 13

Universalnadeln 19

Versäubern 29-39
    Besatz mit schmalem
        Schrägband 31-33, 52, 74-75
    Halsausschnitt am T-Shirt 36-37
    Kante mit Schrägband einfassen
        34-35, 48
Voile 13
Volant 84

Zickzackstich 21
Zubehör 8-11
Zugband 78-79
Zwickel 98, 108

Widmung

Für meine Tochter Tinsley, die während der Arbeit an diesem Buch geboren wurde. Ich hoffe, du erfüllst dir alle deine Träume, wenn du groß bist.

Dank

Ein Buch zu schreiben ist nicht leicht. Es braucht in der Tat ein ganzes Dorf. Ich habe großes Glück, Freunde und Familie zu haben, die mein Unternehmen und alle meine verrückten Ideen unterstützen.

An meinen Mann David: Ich werde immer dankbar sein, dass du mich unterstützt und mir Mut gemacht hast. Du hilfst mir, große Pläne zu machen und mich niemals mit weniger zufriedenzugeben. Danke, dass du da bist und mir in allen Lebensbereichen zur Seite stehst. Ich liebe dich.

An meine Mutter Scarlett: Danke dafür, dass du mein größter Fan bist, dass du dich um Tinsley gekümmert hast, damit ich dieses Buch schreiben konnte, und dafür, dass du alles stehen und liegen lässt, um mir zu Hilfe zu eilen. Ich danke dem lieben Gott täglich dafür, dass du meine Mama bist!

An meine Schwiegermutter Mitzi: Danke für deine Liebe und Unterstützung, deine Selbstlosigkeit und deine Bereitschaft, auf Tinsley aufzupassen, während der Monate, die ich an diesem Buch geschrieben habe. Ich kann dir nicht genug danken!

An den Rest meiner Familie (Dad, Al, Joanna, Jonny, Rachael und Andrew): Ich danke euch von Herzen für eure liebevolle Unterstützung und euer Ermunterung. Ich hoffe, ihr seid stolz auf mich. Ich liebe euch.

An meine (fantastische) Fotografin Sarah: Ich verehre dich, das kann ich nicht oft genug wiederholen. Du schaffst es, in meinen Kopf zu schauen und meine Einfälle Wirklichkeit werden zu lassen. Ich bin so dankbar, dass Gott uns zusammengeführt hat. Es ist eine Ehre und ein Segen, dich meine Freundin und Kollegin nennen zu dürfen.

An meine kleine Gruppe in der Gemeinde (Audrey, Brandon, Katie, Travis, Lauren, Cole, Marissa, Brad, Kelly und Dave): Ihr seid meine Leute, und ich bin glücklich, mit euch gemeinsam durchs Leben gehen zu dürfen. Vielen Dank für eure Gebete, die diesen Schreibprozess begleitet haben, und dafür, dass ihr mich immer ermutigt habt, mein Unternehmen aufzubauen.

An meine Näh-Freundinnen Erin und Kristen: Ihr seid immer nur eine SMS entfernt, und ich danke euch für eure Freundschaft!

An meine Freunde und Follower online: Ihr seid die Besten!! Ich wäre nicht da, wo ich heute bin, wenn ihr mich nicht unterstützen würdet. Ich danke euch dafür, dass ihr mich inspiriert – ich kann es kaum erwarten zu sehen, was ihr alles aus den Ideen in diesem Buch machen werdet!

Und ich danke Gott für seine immerwährende Gnade und seine nie endende Liebe.

ÜBER DIE AUTORIN

Caroline Hulse ist Nähbloggerin mit einer großen Leidenschaft für selbst geschneiderte Kleidung. Sie entwirft einfache, trendy Schnittmuster für Damenmode und ist Stoffdesignerin für Art Gallery Fabrics. Ihre Entwürfe wurden in Print- und TV-Medien wie *Stitch, Love Patchwork & Quilting, Quilts and More, Sew It All* und *Sew Style and Home*, Sew It All TV und It's Sew Easy TV vorgestellt und sie bietet bei Craft Daily Onlinekurse an.

Caroline strebt in ihrer Arbeit danach, eine positive und kreative Atmosphäre zu schaffen, die andere inspiriert, selbst kreativ zu werden und es zu bleiben. Caroline lebt mit ihrem Mann David, ihrer Tochter Tinsley und ihrem Fellbaby Sammie in Fort Worth, Texas.

Hier ist Caroline online zu finden:
Website: www.sewcaroline.com
Shop: www.shopsewcaroline.com
Instagram: @sewcaroline

Was nähen Sie als Nächstes?

Freehand Fashion
Die perfekte Kleidung nähen – ganz ohne Schnittmuster
€ 29,90
ISBN 978-3-8307-0975-6

Oberteil-Grundschnitt-variationen
€ 29,90
ISBN 978-3-8307-0942-8

Rock-Grundschnittvariationen
€ 29,90
ISBN 978-3-8307-0969-5

Richtig nähen mit Over- und Coverlock-Maschinen
€ 24,90
ISBN 978-3-8307-0901-5

Pattern Magic 3
Phantasievolle Schnitte
€ 19,90
ISBN 978-3-8307-0945-9

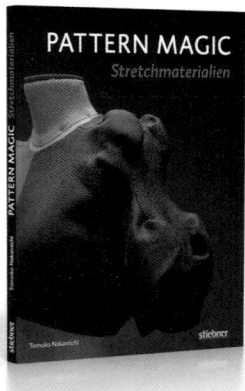

Pattern Magic
Stretchmaterialien
€ 19,90
ISBN 978-3-8307-0884-1

www.stiebner.com